PRINCIPAUX TRAVAUX DE L'AUTEUR

1876. — **Le Kava** (in Rev. thér.).

1876. — **Anthropologie des îles Vallis** (in Rev. anthr.).

1878. — **Le Kava et de ses propriétés blennostatiques.** 1 vol. in oct. — Delahaye, éditeur.

1881. — **Observations d'Aïnhum** (in Arch. méd. nav.).

1881. — **Contribution à l'étude de l'Aïnhum** (in Arch. méd. nav.)

1883. — **Le Sanatorium de Kita (Soudan)** (in Arch. méd. nav.).

1884. — **Météorologie du Soudan : Saison sèche.** 1 vol. Berger-Levrault, éditeur.

1884. — **Météorologie du Soudan : Hivernage.** 1 vol. Berger-Levrault, éditeur.

1891. — **Mesures prophylactiques contre la diphtérie aux îles Saint-Pierre-Miquelon.** Brochure St-P.-M.

1892. — **Assainissement de la ville de Saint-Pierre (îles Saint-Pierre-Miquelon).** Brochure St-P.-M.

1894. — **Pêche à la morue à l'aide des températures sous-marines.** Brochure.

1894. — **Augnax — Notice historique.** — A. Challamel, éditeur.

TYPOGRAPHIE FIRMIN-DIDOT ET Cie. — MESNIL (EURE)

Dʳ **ÉDOUARD DUPOUY**

LES
CHASSES
DU
SOUDAN

PARIS
Augustin **CHALLAMEL**, Éditeur
LIBRAIRIE ALGÉRIENNE ET COLONIALE
5, RUE JACOB, ET RUE FURSTENBERG, 2

1894

Tous droits réservés.

Dʳ ÉDOUARD DUPOUY

LES CHASSES DU SOUDAN

PARIS

Augustin CHALLAMEL, Éditeur

LIBRAIRIE ALGÉRIENNE ET COLONIALE

5, RUE JACOB, ET RUE FURSTENBERG, 2

Tous droits réservés.

LES
CHASSES
DU
SOUDAN

PRÉFACE

M. Bouquet de la Grye m'a donné l'idée de ce livre.

Lorsque pour la deuxième fois je me rendis au Soudan, le savant ingénieur de « Paris port de mer » me dit :

— Je ne m'explique guère que nos chasseurs de France ne se rendent pas au Soudan durant la saison sèche afin d'y donner, mieux qu'ailleurs, libre cours à leur passion du gros gibier.

Pensée fort juste.

Quel pays, en effet, se prête mieux à la grande chasse ? Où peut-on à la fois courir antilopes, girafes, hippopotames, éléphants et panthères ? Où le menu gibier est-il plus abondant ?

Les beaux tirés ouverts aux disciples de saint Hubert !

Je vais conter, en quelques pages, mes chasses faites durant un séjour de trois années dans ce pays plus peuplé de gibier que de nègres. Les hommes, hélas ! la guerre et l'esclavage les ont en partie dispersés aux quatre vents du Centre-Afrique ; le gibier, en revanche, a pullulé parmi les solitudes.

Le Soudan sera encore longtemps un grand parc bien approvisionné et propice aux fusils.

Il n'est pas nécessaire d'être fin tireur devant l'Éternel pour ressentir un vif plaisir à la chasse ; grands et petits y trouveront mille et une satisfactions. Surtout qu'on ne s'attende pas à retrouver ici des odyssées à la Jules Gérard ! Certes, l'admirable tueur de lions eût été fort dépité en voyant nos rois du désert sans crinière, peu dignes de sa carabine.

Si le cœur vous en dit, vous pourrez chasser et tuer même de bien honnêtes lions vivant d'animaux sauvages et non de maraude faite aux dépens des troupeaux des villages; mais quelle triste dépouille!

C'est à des chasses moins périlleuses que je vais vous conduire à travers tout le Soudan français, de Kayes à Kérouané, de Bissandougou à Mopti et de Ségou à Kita sur un parcours de plus de trois mille kilomètres.

Quel Pactole de gibier devant vous!

En courant, nous verrons quelques silhouettes d'hommes de cet immense pays, et je dirai un mot des mœurs, des coutumes, du climat, des productions du sol et de la manière dont un chasseur doit y vivre.

Vous n'aurez pas grandes provisions à faire si, comme moi, vous vous nourrissez des produits du pays et de la chasse. Si vous n'aimez pas les côtelettes d'hippopotame, les filets de girafe, les gigots d'antilope, les queues et les œufs de caïman, emportez quelques conserves.

De novembre à fin mars le climat est bon

et la température supportable. Les chevauchées après les grosses bêtes entretiendront vos forces et votre santé.

Allez, chasseurs de France, allez au Soudan.

Et, sur ce, que saint Hubert vous garde!

Dr Édouard Dupouy.

Augnax, 10 mars 1894.

LES
CHASSES DU SOUDAN

CHAPITRE PREMIER.

SUR LE SÉNÉGAL.

De Dakar à Saint-Louis. — Podor. — Bo. — Chasses en chaland et à la cordelle. — Les Maures et les Toucouleurs. — Bakel.

Dès que, fin novembre, le paquebot des Messageries vous aura déposé à Dakar, le plus beau port de la côte occidentale d'Afrique, allez à Saint-Louis en chemin de fer; vous y trouverez le confort d'une ville d'Europe.

A travers le Cayor vous serez frappé à la vue de ces grands baobabs, géants du sol africain, qui élèvent, sous un soleil ardent, leurs cimes grises au milieu d'une végétation rabougrie, semblables à des Gargantua parmi les Lilliputiens. L'effet de sévère grandeur qui s'en détache attira autrefois à un savant naturaliste venu dans le pays pour en étudier la flore, la réponse topique d'un vieux brave couvert de blessures et de gloire, que trente années de soleil sénégalais n'étaient pas parvenues à tout à fait calciner :

— Vous me demandez, Monsieur, ce qu'il y a en fait de plantes au Sénégal ? — C'est bien simple ! *Il y a des baobabs et de la brousse* (1).

Très pittoresque ce tableau succinct de la végétation sénégalaise! mais un peu trop vague pour éclairer le savant et lui permettre d'écrire une bonne monographie des plantes du pays ensoleillé.

A Saint-Louis, quarante-huit heures de repos dans la jolie ville africaine dont les cocotiers tremblent la nuit sous la fraîcheur des brises de mer. Préparez vos armes et vos munitions pour remonter le cours du Sénégal jusqu'à Kayes.

Alors, sur un fleuve large et semé d'îles, vous allez contre un faible courant entre des rives basses brûlées par le soleil. A votre

---

(1) *Brousse*, terme usité au Sénégal et au Soudan pour désigner les forêts, la broussaille.

droite, quelques villages aux teintes grises, à côté d'un bouquet de rôniers; à gauche, d'immenses étendues de sable avec quelques campements de Maures Trarzas dont les tentes noires en laine se dessinent grandes ouvertes à l'horizon, avec quelques chameaux et de longues silhouettes d'hommes et de femmes, habillés de guinée bleue.

Des foules de caïmans et d'oiseaux aquatiques vous regarderont au passage mollement étendus sur le sable des rives ou bien les longues jambes plantées dans l'eau, le bec à la pêche.

Le long des berges, au milieu des plantes aquatiques qui seules gardent des tons verts sous la sève, le bout de quelques petites pirogues amarrées aux branches.

Voici, par tribord, Richartol et son jardin touffu; Dagana et Podor, les deux premières escales aux maisons blanches posées sur des allées de caïlcédras toujours verts, dus à la sollicitude de Faidherbe.

A Podor, à l'ombre, accroupis sur une épaisse couche de sable fin, un fouillis inextricable de Maures, de Toucouleurs et de traitants de Saint-Louis. C'est le marché quotidien qui se tient sur l'escale entre la première ligne de maisons européennes et le fleuve. Partout des bouchers détaillant des quartiers de mouton gras, des étalages sur des pagnes, d'innombrables calebasses, grandes et petites, contenant du mil, des arachides, du riz, du beurre et du lait.

Les femmes des Pouls qui viennent, en cette saison, paître leurs troupeaux dans *l'île à morfil* (1) y vendent le produit des chèvres et des brebis; elles sont fort jolies, de pure race, avec des lignes bien dessinées et régulières, les cheveux peignés en fines nattes graissées de beurre de galam; au cou, des boules d'ambre jaune; aux chevilles et aux poignets, de gros bracelets d'argent ciselé, dus aux meilleurs forgerons de Saint-Louis. On y trouve encore des Maures et des femmes de leur race fortement mêlée de noir; quelques Marocains et des femmes du désert, blanches, aussi belles que les Andalouses, mais bien moins soigneuses de leur corps.

Ces tribus du Sahara sénégalais ont reçu, dans les temps historiques, une certaine infusion de sang ibérique. Certaines de leurs femmes ressemblent à des Espagnoles sans la guitare; ça étonne.

Podor, toutefois, n'est pas complètement dé-

---

(1) Ile de l'éléphant.

pourvu de ce gracieux instrument des ballades nocturnes sous les balcons.

Bo, le griote, en pince assez agréablement.

Si vous ne connaissez pas Bo, demandez-le, faites sa connaissance. Bo est un Toucouleur et — mieux que cela — un griote di primo cartello. Sa renommée s'étend de Saint-Louis à Timbouctou, sur tout le Fouta jusqu'à Timbo au sud et jusqu'au fond des brûlantes oasis du désert, au nord.

Bo a chanté sur sa guitare toutes les mélopées du pays, les chants de guerre des Damels du Cayor et de tous les Almamy et Lam Toro du Fouta. C'est un homme intelligent, très doux qui aime beaucoup les Européens; c'est mon vieil ami. Présentez-vous de ma part, vous serez bien reçu.

Bo est un des ornements de cette belle escale où des traitants de Saint-Louis se livrent à un grand commerce de gommes qu'ils achètent aux Maures contre des marchandises françaises.

C'est à Podor que les Brakna vendent leurs plus beaux chevaux. Tous les traitants en possèdent qu'ils montent le soir. J'avais réussi, pendant un long séjour que je fis dans ce poste en 1879, à créer de véritables courses de chevaux arabes; elles avaient lieu tous les soirs — particulièrement le dimanche — et se terminaient par ces belles fantasias avec coups de fusil que les traitants couraient avec autant de de maëstria que les Arabes.

Vous voilà rendu à Mafou. Il faut s'installer dans des chalands qui vont marcher à l'aviron ou à la cordelle jusqu'à Kayes. On doit compter sur dix ou douze jours de marche du lever au coucher du soleil, avec arrêts le soir près des villages où l'on se procurera facilement du lait, des œufs, des poulets et du poisson, toutes choses fort utiles si l'on désire conserver ses forces pour les chasses du Soudan.

Le soir, en chemin, vous y préluderez par des tirs aux perdrix — dont vous ferez des hécatombes, — aux tourterelles, aux perruches vertes et aux petits perroquets nommés youyou, à cause de leur cri.

Je vous recommande le potage aux youyou : vous m'en direz des nouvelles.

Certes, le voyage en chaland et à la cordelle est long, mais il ne sera ni trop pénible ni ennuyeux si vous prenez le soin de vous établir, au milieu, sous un bon gourbi de paille épaisse et impénétrable au soleil; sous cet abri vous pourrez marcher, installer un lit, une table et un fauteuil. Vous vous amuserez en tiraillant sur les rives gueuletapées, singes bleus et pleureurs que vous apercevrez se gondolant aux branches; gazelles, pintades et perdrix qui, matin et soir, viennent se désaltérer au fleuve; caïmans faisant gros dos au soleil sur le sable et sur des troncs d'arbre ou nageant à la surface des eaux; hibous, aigles, martins-pêcheurs, petits oiseaux, canards, bécassines et tout un monde d'échassiers; gros marabouts se dessinant en grandes taches blanches sur les arbres avec les apparences de zélés sectateurs du Prophète faisant salam au soleil couchant. Cet oiseau solitaire fournit ces délicieuses queues de marabout qui président au gai papotage de nos belles Parisiennes, à l'Opéra.

A l'aller comme au retour j'ai souvent parcouru cette longue route du Soudan sans avoir jamais ressenti ce qui s'appelle l'ennui, grâce à mon fusil.

Ceux qui ne chassent pas sont bien à plaindre! Pour ces déshérités, que le temps va paraître long et la course pénible! que de bâillements sonores à suivre d'un œil indécis et à demi voilé sous la réverbération des hautes berges, les monotones cadences de l'aviron ou les tristes mélopées chantées en haut sur la rive par une douzaine de lapetots *souquant à la cordelle!* Ici, le chaland fourre son nez dans les herbes en produisant un bruit sourd de frottement et s'arrête; là, il s'échoue sur une pointe de sable méconnue. Et, sous les mouches voraces, le corps ruisselant de larges gouttes, pareil à une gargoulette de Podor, une grande dose d'énervement s'empare de vous : — Ça n'en finira plus? — quand donc serons-nous à Kayes? Triste, le voyageur cherche sur son fauteuil à oublier qu'il vit encore.

Le chasseur, au contraire, n'aura pas un instant de repos. A lui, les distractions; à lui, la joie. Il ira à l'avant et à l'arrière où debout, le fusil en main, il tirera à tout moment. Qu'il prenne bien garde de manquer de munitions! Il s'en fait une effroyable consommation. Il m'est arrivé souvent de les épuiser et d'en être réduit à tirer le gibier au revolver.

Le soir, par une bonne heure de soleil, arrêtez-vous; et, pendant que, sur la rive, votre cuisinier préparera le dîner, partez en chasse; cela vous dégourdira les jambes; et puis vous êtes sûr de rentrer avec un plein carnier de gibier.

Au retour, prenez sur le chaland ou sur la

berge une bonne douche en recommandant bien à votre domestique de puiser de l'eau assez loin dans le fleuve car, sur les bords, elle est tiède de son contact prolongé avec le sol.

Ne couchez pas dans l'embarcation, à cause des moustiques. Faites installer votre lit et vos hommes en haut, sur la berge, où vous trouverez un peu de fraîcheur, la nuit.

La chasse, en outre, vous aura permis de voir le pays autrement que du fond du fleuve, très bas en ce moment entre ses murailles grisâtres, de huit à douze mètres de hauteur.

A terre, vous trouverez que vous sortez du fond d'un puits.

Allez le moins possible sur la rive droite où règnent les Maures du Sahara, gens fort pillards et dressés, dès leur plus tendre enfance, aux finesses d'un banditisme raffiné; car il pourrait vous en cuire.

Rien à craindre sur la rive gauche où s'étend une paix profonde chez les Toucouleurs du Fouta, de Podor à Bakel.

Je ne dirai pas que les habitants nous aiment beaucoup, surtout depuis que, du Ségou et du Kaarta, nous y avons renvoyé les familles des anciens talibés qui avaient suivi sur le Niger la fortune et le chapelet d'el hadj Oumar; mais ce sont des gens assez avancés en civilisation et qui vivent tranquilles en se livrant à l'agriculture et aux pratiques du Coran.

Les Toucouleurs sont des métis de Pouls; ils sont, dès l'enfance, doués d'une vive intelligence qui s'étiole rapidement dans leurs milieux fanatiques, et aussi — il faut bien le dire — par le fait d'une polygamie à outrance.

J'ai beaucoup d'amis parmi les Toucouleurs et je n'ai jamais eu qu'à me louer des hommes de cette race.

Ils sont aux autres peuples du Sénégal et du Soudan, sous le rapport de l'intelligence et de la civilisation, ce que sont les Hovas aux tribus de la côte, à Madagascar.

A Kaëidi, l'unique poste de la rive droite, vous pourrez vous livrer à une belle chasse aux oiseaux aquatiques sur les bords des marais qui courent aux pieds du fort. N'y séjournez pas longtemps si vous craignez la fièvre, car ce point est inhabitable aux Européens et dangereux pour les indigènes plus rebelles à la malaria.

Vous voilà déjà loin du barrage d'Aleïbé que les gens du Fouta avaient élevé sur le lit du fleuve afin d'arrêter nos avisos qui, en 1857, cherchaient à passer pour aller débloquer Médine assiégé par toutes les forces d'el hadj Oumar. La crue subite du Sénégal ayant entamé la muraille, Faidherbe put, en temps utile, porter secours au poste réduit à la dernière extrémité par la famine et le manque de munitions. Le célèbre fondateur de l'empire Toucouleur du Niger fut définitivement rejeté vers le Soudan, où il se tailla une domination peu cimentée qui s'était effritée en l'espace de vingt-cinq ans au point de disparaître sans difficulté à la vue de notre drapeau.

Voilà Saldé, Matam. Bakel est le premier point de nos possessions du Soudan, à la limite du Fouta et du Khasso.

L'escale est importante et assez fréquentée.

Vous pourrez, selon toute probabilité, admirer et caresser les quelques jeunes lions qui s'y trouvent, frais arrivés du désert.

A Tamboukané un fort seuil rendra le passage des chalands difficile et peut-être impossible; mais vous êtes près du but.

De Bakel à Kayes il y a des villages sur les deux rives. Le Sahara n'est plus exactement borné par le fleuve; il suit une ligne assez vague qui passe sur le Guidimaka vers Nioro, Sokolo et Mopti sur le Niger et de là à Timbouctou.

Vous voilà à Kayes!

Débarquez et prenez quelques jours de repos.

CHAPITRE II.

UNE JOURNÉE A MÉDINE.

Pétoire. — Louise. — Le marché. — Les Maures. — Le village. — Chasses au Fer-à-cheval et au Félou.

Le vaguemestre m'ayant remis le mot suivant : « Le capitaine X... a l'honneur de prier « M. le docteur Dupouy de venir chasser *sur ses terres de Médine* le... » je résolus de répondre à l'aimable invitation de mon ami, grand chasseur devant l'Éternel et homme d'esprit — ce qui ne gâte rien.

Au jour fixé, je pris donc la route de Médine, mon palefrenier en tête et Biskiti derrière, la queue du cheval à la main, selon l'usage.

Une mauvaise piste de noirs tenait lieu de route. Après deux heures de marche sur le sentier mal défini, en terrain sablonneux et cailouteux, j'arrivai au poste vers huit heures du matin. Les officiers — mon ami en tête — m'y firent le meilleur accueil. Vu l'heure matinale, je les trouvai encore habillés de leurs grands boubous blancs, ce qui, ajouté à la pâleur anémique commune aux Européens à la fin de l'hivernage, les faisait assez ressembler à des spectres drapés dans un linceul.

Je mis pied à terre. Amady mena le cheval à un piquet d'attache, et Biskiti monta, dans la chambre qui m'était réservée, fusil, cartouches et mon petit bagage de chasse qui consistait en une paire de houseaux et mon immense surtout en flanelle blanche qui m'a toujours bien garanti contre les ardeurs du soleil, le jour, et contre la fraîcheur humide, la nuit, deux ennemis qui ne sont pas à mépriser au Soudan.

Mon ami me présenta un camarade, le docteur du poste et M. Pétoire, l'employé du télégraphe. Le nom de Pétoire lui avait été donné à cause d'un certain *fusil à une fois* avec lequel il se mêlait de vouloir chasser, à son arrivée dans le pays.

La chasse fut décidée pour le soir même, vers trois heures.

Médine est la métropole commerciale d'où le Soudan tire presque toutes ses marchandises que des caravanes de *Dioulas* transportent, tant sur le dos des ânes et des bœufs à bosse que sur la tête de porteurs indigènes, vers le Niger et les pays au delà.

Le vieux poste bâti en 1855 par Faidherbe soutint, deux ans après sa fondation, un siège long et pénible contre toute l'armée du prophète toucouleur.

Pendant que les garçons fourbissaient les armes ou préparaient des cartouches, je courus examiner une jolie lionne de dix à douze mois, nommée Louise, qui était, dans la cour, attachée à un arbre.

Mon ami se mit à la caresser et Louise joyeuse lui léchait affectueusement la main. A mon tour, je me disposais à en faire autant lorsque M. Pétoire s'écria :

— Attention! n'approchez pas de la lionne sans vous couvrir de ma chéchia rouge, car vous seriez certainement mordu!

La vue de la chéchia rendait Louise calme et douce.

Je venais de constater, en effet, qu'à mes signes amicaux faits à distance la lionne avait pris un air renfrogné ne disant rien qui vaille. Dès que j'eus mis sur ma tête la monumentale calotte rouge des spahis, le capricieux animal reprit son air câlin habituel et me regarda en remuant sa queue en signe de joie; à mes caresses il répondit par mille amabilités.

Jusqu'aux lionnes qui aiment la forme!

— Huit heures trente! dit le docteur en s'éloignant rapidement.

Et le voilà se dirigeant vers son infirmerie, brandissant les longues manches de son boubou et raclant le sol poussiéreux de ses jaunes sandales d'où se détachait, en cadence, un talon nu. L'infirmier indigène Sadika le suivait à distance respectueuse de quatre pas en portant dans sa main droite un de ces grands verres en usage au pays du soleil — nommés *pédiluves* — et rempli jusqu'aux bords d'une liqueur noirâtre.

On me tira de mon étonnement en me disant que l'original docteur ne passait jamais sa visite sans ce cérémonial et sans prendre son amer qu'il déclarait être un excellent antidote contre la fièvre, presque un succédané de la quinine.

Ce vieux Soudanais en était arrivé à vivre un peu comme les nègres dont il avait adopté bien des habitudes d'intérieur. Pendant la saison d'hivernage il passait ses nuits à la belle étoile, sur un tara recouvert d'une moustiquaire en guinée. Une robustesse extraordinaire lui avait permis de vivre dans le pays ou mieux, de ne pas y mourir trop vite. Chasseur intrépide, grand fumeur de pipe, buveur puissant, cavalier infatigable, possédant plusieurs idiomes du pays, il paraissait avoir fait du Soudan sa patrie d'adoption. Très intelligent et fort instruit il avait le tic d'émailler trop fréquemment sa conversation des phrases suivantes : « Je prenais » ou « je venais de prendre mon Picon »... telle chose m'arriva.

A son retour, nous prenons nos dispositions pour aller visiter le marché, les traitants et le village. Quelle ne fut pas ma surprise en passant du côté des garçons qui astiquaient nos armes de voir le *khassonké* de Pétoire gratter, sous prétexte d'une grande habileté à nettoyer les fusils, les canons bronzés de mon arme avec un énorme couteau !

— Que fais-tu là ? lui dis-je, irrité.

— Doctoro, je cherche, sans y réussir, à rendre ton fusil blanc comme les autres, me répondit-il avec flegme, tout en continuant de racler le canon droit dont il avait déjà enlevé le bronzage sur deux centimètres carrés.

Pareille candeur me dérida ; et, le rire m'ayant désarmé, je me bornai à lui retirer le fusil des mains, à son grand étonnement.

On eut bien du mal à lui faire comprendre combien il était stupide.

Nous voilà donc partis pour visiter Médine. L'inévitable Tortillard, le griote légendaire de ce lieu, nous suivit avec quelques indigènes en raclant de son mieux sur sa guitare à trois cordes une marche du Khasso qui marque fort bien le pas. C'est au poste qu'il a reçu ce nom à cause de ses jambes torses et de sa démarche de désossé; sa musique monotone était, de temps à autre, coupée de quelques bribes de chansons françaises comme : « J'ai un pied qui remue »... chantées d'une voix assez juste mais fort nasillarde et couleur locale.

C'était l'heure du marché qui se tient sur une place voisine, autour et sous un grand hangar. On y voyait des moutons découpés, des petits tas d'arachides, des patates, des boules de bleu, des verroteries aux couleurs voyantes à côté de quelques pièces de guinée et de calicot, des calebasses pleines de tomates-cerise, des épis de mil, du mil en grain et des pains de beurre de Karité. Trois ou quatre tailleurs indigènes cousent et vendent des boubous en guinée et en toile d'Europe, des calottes, des pantalons pour homme arrivant à mi-cuisse, des pagnes de femme, des couvertures de Ségou, des pagnes et boubous de même provenance fort solides, chers et recherchés. Des marchands de kolas accroupis derrière des petits tas de deux, trois ou quatre noix, selon la taille, pulvérisent de l'eau avec la bouche sur les paniers d'osier afin de maintenir la marchandise fraîche. Quelques hommes du pays vendent le tabac à priser en le puisant, avec une minuscule calebasse, dans de grandes boîtes rondes en cuir de bœuf. Là, des patates, du manioc, du pain de singe, des feuilles de baobab pulvérisées, du mil, des gâteaux de miel et de riz et de grosses crêpes frites au karité; ici, des oignons du pays, du lait, du beurre frais, des poulets et des œufs. Au milieu de tout cela, à travers un nuage de poussière et dans un brouhaha assourdissant, Maures, Khassonkés, Sarakolés, Toucouleurs, Mallinkés et Bambaras circulent : presque toutes les races du Soudan. Un Maure mesure de la guinée avec la coudée de son bras qu'il allonge le plus qu'il peut. Un Dioula fait quelques provisions pour se mettre en route vers l'est. Et au milieu de tous ces noirs, assez propres généralement, circulent les nouveaux arrivés du désert, le corps couvert de crasse et d'une guenille de boubou, sentant mauvais, demi-nus.

Voyant Tortillard en admiration devant un superbe gigot de mouton je lui en fais cadeau.

Nous quittons le marché pour aller chez les traitants qui sont presque tous des noirs ou des métis européens de Saint-Louis; ils représentent à Médine les maisons de commerce françaises.

Les traitants habitent, dans plusieurs rues, des maisons à argamasse avec cour intérieure et boutique.

Dans les cours sablonneuses on voit des chameaux accroupis que l'on décharge, des femmes mauresques demi-voilées de leur boubou de guinée bleue, des enfants nus comme des vers, tête rasée et mèche sur le front, des bœufs porteurs beuglant sous la corde fixée à l'anneau en fer du museau, des vieillards maigres et élancés à grande barbe blanche se grattant les pieds sur le sable ou faisant à la mosquée un bout de salam réglementaire chez tout traitant que l'on respecte; quelques éphèbes sont assis entre les jambes d'un ami qui fouille dans les longues et broussailleuses chevelures noires. Ailleurs, les esclaves — des noirs du Soudan — déchargent les gros sacs en peau pleins de gommes au nez des chameaux qui ruminent en paix, l'air placide ou qui geignent en montrant les dents sous l'anneau passé à la lèvre supérieure.

Tel est l'aspect de cette caravane qui vient d'arriver. Des *maîtres de langue* attachés à la maison ont été à sa rencontre dans le désert et l'ont conduite à l'escale après avoir traité des prix.

Les voilà au but, les faméliques qui ont fait souvent deux ou trois mois de marche; beaucoup viennent des environs de Tichit. Ils vont rester là, vivant aux frais du traitant, mangeant à leur faim, buvant à leur soif cette belle eau du fleuve avec de l'ombre, du riz, du mil, l'abondance enfin. Aussi faut-il voir comment tous sont heureux!

Enfin le traitant paiera les gommes en guinée, mil, sucre, verroteries et quelques autres menus objets; les chameaux, les bœufs seront rechargés, et tout ce monde ayant repassé le fleuve reprendra la route du désert pour regagner sa tribu, ses troupeaux et ses tentes jusqu'à l'année suivante. La caravane se déroule à travers les hautes herbes où apparaissent les chameaux, la selle à trois sièges portant trois personnes; les hommes libres reprennent leurs fusils à pierre et les esclaves, à pied, excitent les animaux qui vont dans ce mouvement combiné de tangage et de roulis, si pénible lorsqu'on le sent pour la première fois.

Drôle d'existence tout de même et qui doit bien avoir son charme!

Le traitant, personnage d'importance, circule partout pendant que ses fils ou ses employés vendent ou échangent les marchandises. Le sucre et le sel sont l'objet d'un important commerce.

Poussant un peu plus loin nous sommes en pleine ville indigène, assez étendue. Comme c'est l'usage au Khasso, dont Médine est la capitale et Sambala le roi, les cases sont en pisé, rondes, à toiture conique en paille. Le groupement en rond ou en carré de plusieurs de ces habitations est entouré d'une petite palissade en épines qui relie celles d'une même famille en formant une cour centrale où sont parqués, la nuit, les bœufs et les moutons. C'est là où les femmes libres et captives pilent, dans de grands mortiers cylindriques en bois dur, le mil qui fera tout à l'heure le couscous. Deux concassent généralement le grain dans le même récipient en alternant les coups de leur pilon; et elles s'excitent à ce rude labeur faiseur de muscles en frappant plusieurs fois dans leurs mains avant de reprendre la lourde massue projetée en l'air. Comme cet exercice se pratique presque partout aux mêmes heures du jour ou de la nuit il en résulte un tapage infernal semblable à celui que feraient de nombreux mitrons pétrissant la pâte.

Pétoire qui était venu nous rejoindre soutint que les pileuses de mil, fort rieuses de leur nature, ne discontinuaient pas leur besogne même quand on les embrassait sur la nuque ou qu'on les chatouillait dans le dos, ce qu'il démontra au rire général.

Les femmes du Khasso sont fort jolies et sans contredit les plus belles du Soudan après les Pouls s'entend. En général grandes et élancées, de mœurs très douces, aimables, elles affectent une grande coquetterie dans leur costume, leurs boubous, leurs pagnes et leurs parures. Vous les voyez aller sveltes, droites comme des papayers, dans leurs sandales jaunes à semelles multiples qui augmentent la taille, les bracelets d'argent aux chevilles et aux poignets, la chevelure artistement tressée en casque et fortement garnie de beurre de galam; elles ont grand air.

L'œil est souvent bistré artificiellement ainsi que les gencives dont les tons gris font encore mieux ressortir les belles rangées de dents blanches.

Les traitants épousent beaucoup les femmes du pays. Ils sont ouolofs d'origine ou bien toucouleurs fort intelligents, probes et habiles au commerce, parlant français et arabe, écrivant souvent les deux langues, tous gens fort intéressants et rendant les plus grands services à notre commerce à travers le Soudan.

Un garçon nous prévient qu'il est l'heure du déjeuner.

— Oui, onze heures! dit Pétoire, le chef de gamelle, en tirant sa montre, grosse comme un oignon de France.

Nous rentrons sous un soleil déjà fort piquant contre lequel nous protègent nos casques blancs. Le déjeuner est servi dans une salle du rez-de-chaussée. Sur la table un gros gigot de biche, froid et des légumes du jardin. Un immense panka monté en guinée bleue, aussi long que la table, se balance méthodiquement sous la douce traction du *pankatigui* et donne une bonne fraîcheur qui permet de déjeuner sans trop de fatigue.

Le gigot à l'ail paraît exquis; le vatel soudanais s'est surpassé. Après chaque plat un garçon passe des cigarettes : c'est l'usage. La conversation fort vive roule sur les chiens de chasse d'Europe qui perdent leurs qualités dans ce pays et sur les chiens jaunes des indigènes qui ne sont bons à rien.

Pétoire déplore tout cela, car de bons chiens seraient ici d'une grande utilité.

— Ah! si j'avais mon vieux Médor, dit le docteur; un fameux chien si bien dressé à l'apport et qui me joua pourtant un fort vilain tour.

— Un mauvais tour! Qu'arriva-t-il donc? dit-on à la ronde.

Le docteur continua :

— C'était dans les Charentes où, me trouvant en congé et en chasse, j'eus l'occasion de vendre Médor à un de mes compagnons qui m'en offrit vingt-cinq louis pour sa belle prestance à l'arrêt et toutes ses autres qualités.

Comme j'étais sur le point de repartir pour le Soudan et qu'une certaine disette d'or se faisait sentir, j'allais conclure ce marché lorsque arrivé sur les bords de la rivière, voilà Médor en arrêt! — Voyez s'il est beau! et vous allez examiner et apprécier la manière dont il rapporte le gibier! C'est un animal rare.

Je laissai à mon ami l'honneur de tirer la caille qui traversa la rivière et tomba morte sur la rive opposée.

— Va chercher! m'écriai-je; et aussitôt Médor de se jeter à l'eau nageant comme ce capitaine... et le maître d'hôtel déposait sur la table un superbe capitaine du Sénégal.

— Ce poisson est fort beau! dit gravement Pétoire un peu affecté de ce qu'on n'avait pas adressé le moindre éloge à sa gamelle.

Le docteur ajouta :

— A peine eut-il atteint la rive qu'il prit la caille entre ses dents; — apporte! lui criai-je encore pour mieux faire admirer ses talents; et, pour comble de malheur, Médor ne bougea pas; au lieu de revenir avec son oiseau, nous le vîmes — le misérable! — manger tranquillement sa caille à notre nez et à notre barbe.

Un rire général accueillit la fin du récit.

— Et ton marché? dit Pétoire.

— Raté! mon cher, comme ton salmis de tourterelles, répondit le docteur en ricanant.

Ces déjeuners agrémentés de récits et de cigarettes durent longtemps. A une heure chacun se retira pour faire la sieste habituelle; seul, mon ami qui avait à préparer le départ d'un convoi de quatre cents porteurs pour la colonne du Niger, se mit au travail avec l'interprète.

Ne pouvant pas dormir j'étais à la fenêtre en train d'étudier *grosso modo* les divers types des porteurs qui se trouvaient dans la cour, couchés sur le sable à l'ombre, attendant chacun ses vingt-cinq kilos réglementaires, lorsque, subitement et en silence, tout ce monde noir et grouillant se mit à détaler vers la porte avec une rapidité inusitée, sans colis, sans ordres, sans motif apparent.

Louise, sa chaîne brisée, venait tranquillement passer son inspection dans la cour parmi les noirs! Et, en un clin d'œil, tout le monde avait fui.

Mon ami qui s'était aussi aperçu de l'incident vint en rire près de moi; puis, ayant mis nos chéchia rouges, nous descendîmes reprendre et attacher Louise tout étonnée de tant de bruit pour un petit bout de promenade en liberté.

On dut, pour faire rentrer les porteurs qui avaient eu soin de fermer la porte sur eux, les faire appeler plusieurs fois par un tirailleur.

Cela défraya toutes les conversations; et c'étaient chez les porteurs des « Ah! ah!... » des rires et des « Bissimilahy! » à n'en plus finir.

Sur un signe du sergent préposé au magasin les quatre cents nègres vinrent charger leurs caisses, et ils partirent vers le Felou et Bafoulabé, précédés du *porteur ocountigui* qui marchait, tenant à la main le léger bâton où se dressait en croix l'ordre de route.

Et la longue file s'allongea sur les rochers nus du Félou, emportant dix tonnes de vivres ou de matériel.

A trois heures, la douche prise, Pétoire sonna le réveil d'un air de trompe et les garçons aussitôt d'apporter houseaux, bottes et cravaches; chacun s'apprête pendant que les chevaux sont sous selle à l'ombre d'un arbre, tenus en main par les palefreniers qui bavardent.

Les *terres de Médine* de mon ami étaient représentées d'une manière particulière par le *fer-à-cheval*, jolie plaine remplie de champs d'arachides, de mil et de patates, que couronnent et entourent, selon la courbe d'un *fer*, des rochers à étages en forme de table.

Nous partons, le fusil en travers des selles, à la façon des noirs et des Arabes, les garçons à la queue des chevaux, les palefreniers derrière.

Après avoir traversé le village indigène, nous obliquons à droite et, nos distances prises, la bride fixée à l'arçon, le fusil haut, nous avançons de front en couvrant une ligne de plus de deux cents mètres environ, d'abord au pas.

— Attention! clama Pétoire; voici les perdrix! En effet, une compagnie de quinze à vingt têtes marchait devant nous, rasant le sol. A un cri poussé les perdreaux prennent leur vol à tire d'aile et aussitôt une décharge générale se fait entendre abattant cinq têtes. Pendant que nous rechargeons les armes sur nos chevaux un peu troublés malgré l'habitude de la poudre, nos garçons se précipitent après deux perdrix démontées qu'ils finissent par capturer, non sans être tombés plusieurs fois en se bousculant au milieu des éclats de rire.

Les palefreniers porteurs de filets encaissent rapidement le gibier et nous continuons. A peine avons-nous parcouru trois cents mètres qu'une biche qui faisait la paresseuse à l'ombre d'un gros tronc d'arbre à demi consumé par l'incendie précédant les cultures, détale devant nous en suivant une ligne circulaire et à peu près parallèle au fond du cirque dont nous n'étions plus qu'à une petite distance. Nos chevaux se prêtent fort bien à cette chasse qui les amuse; ils chargent et foncent sur notre animal que nous tenons à distance de quatre-vingts mètres environ. Une décharge de quatre coups espacés a lieu, et la biche tombe mortellement blessée au ventre et au cou. Du haut des rochers un troupeau de cynocéphales répond par un vacarme épouvantable répercuté par les échos d'alentour. Les chevaux sont maîtrisés et arrêtés avec peine; seul Pétoire n'est plus maître du sien; et le voilà, son fusil lâché par terre, en train de parcourir dans la direction de Médine le plus joli temps de galop qu'il soit possible de voir, sur son cheval emballé. Nous le suivons sans grande inquiétude, lui connaissant une assez grande habitude de l'équitation, lorsque tout à coup cheval et cavalier s'abattent dans une fondrière.

Quand nous nous fûmes portés au secours et que nous eûmes constaté que tout se réduisait à de légères écorchures, le docteur clôtura l'incident en disant à Pétoire d'une voix nasillarde :

— Pétoire, mon ami, vous me ferez quatre jours d'arrêts pour avoir mis pied à terre sans autorisation.

Nous nous tordions.

Pendant que les garçons et les palefreniers refont, en le frottant de paquets de tiges vertes d'arachides, la toilette sommaire de Pétoire, plus pâle qu'un déterré, et que les chevaux soufflent, nous buvons à nos gourdes.

Au bout de quelques minutes la biche étant ligottée et saignée, la tête tournée selon les rites, nous continuons la chasse en revenant sur nos pas, vers Médine, jusqu'à la route des chutes du Félou. Là, nous continuons vers la cataracte que l'on entend gronder dans le lointain, en suivant le sentier, à peine tracé à l'usure sur ces larges dalles de roches nues et sans la moindre végétation, où la réverbération du sol est aussi dangereuse, sinon plus, que les rayons brûlants d'un soleil vertical. A chaque instant on doit veiller à ce que les chevaux n'enfoncent pas leurs sabots vierges de fers dans les profondes fissures qu'on y rencontre; et l'on marche au grondement sourd des dalles qui semblent recouvrir des précipices. Plus nous avançons, plus le bruit de la chute du fleuve devient puissant; déjà l'on aperçoit l'énorme buée s'élevant de l'eau qui se vaporise en se brisant successivement sur les roches glissantes, pleines de fine mousse verte, et en tombant dans les nombreux trous ronds, là, immenses, ici, plus petits, qui affectent la forme de ces grands canaris où les noirs enferment leur eau et cette bière de mil, le *dolo*, si bonne lorsqu'on la trouve au degré voulu de fermentation.

Devant ce grandiose spectacle d'un fleuve puissant comme le Sénégal qui descend et se précipite avec fracas, nous mettons tous pied à terre afin d'aller visiter la dalle sur laquelle Faidherbe fit graver, en 1857, les noms des officiers qui débloquèrent Médine.

Quelques canards peu intimidés nous laissent

approcher. Pétoire en abat deux avec une maestria que chacun admire.

Enfin nous voilà sur la pierre historique. Trois *plongeons* montrent à tout instant des têtes indiscrètes. Le docteur les tire sans résultat; car nous les apercevons, sous le coup de feu, plonger et disparaître pour se montrer encore un peu plus loin. Cet oiseau, dont le plumage est d'un beau noir à reflets métalliques, est tellement défendu par ses ailes qu'on le tue fort difficilement sur l'eau. Il est, du reste, exclu de nos tables pour la dureté et la qualité inférieure de sa viande; il n'est bon tout au plus qu'à parer les étagères de nos musées d'ornithologie.

La pierre et les inscriptions qui sont encadrées d'une ligne rectangulaire sont intactes, mais les lettres un peu noires sont couvertes d'une fine mousse.

Ce qui choque légèrement c'est de voir que pas mal de visiteurs ont cru glorieux d'y graver aussi leurs noms à la suite en enlevant à cette inscription, monument durable élevé à la gloire de Faidherbe, le caractère qu'elle devrait garder. Ce sacrilège fait clamer Pétoire qui laisse un libre cours à son indignation :

— Tenez, celui-ci! dit-il en montrant une

inscription profane; c'est un homme de Gorée! et les réflexions plus ou moins justes mais sévères d'aller bon train.

Le coup de fusil donné à un pigeon qui tomba à nos pieds mit fin à l'incident et à notre visite.

Comme le soleil était peu haut sur l'horizon, nous remontâmes à cheval pour piquer une pointe au sud, vers la montagne de Kaffa où nous distinguions sur le sommet d'un arbre le pavillon tricolore que j'y avais planté quelques jours avant, dans le but d'y rechercher l'emplacement d'un sanatorium pour la région Kayes-Médine.

— Vous savez, me dit le docteur, que nous allons passer la journée de dimanche à Ségala-Kourou?

— C'est entendu! lui répondis-je; et aussitôt nous aperçûmes à travers les arbres et les hautes herbes un groupe d'une douzaine d'oiseaux-trompette se pavanant devant nous, à trois cents mètres, en terrain découvert.

Après avoir discuté un instant s'il était préférable, pour mieux les approcher, de marcher à pied ou à cheval, il fut décidé à la majorité de continuer sur nos bêtes, ces oiseaux ne se levant que fort près devant les gros animaux.

Le résultat démontra que ce parti était sage. Nous avancions donc au pas, doucement, en nous masquant de notre mieux derrière les hautes herbes, la brousse et quelques arbres.

A notre vue, les *trompettes* s'étaient arrêtés debout sur leurs longues pattes noires, le cou droit, la tête fixée sur les chasseurs, observant, prêts à prendre leur vol. Les derniers rayons du soleil faisaient reluire leurs plumes, les crêtes et les longs becs. Nous étions à moins de cent mètres lorsque la compagnie s'éleva en poussant ces éclats de trompette si caractéristiques et s'éloigna vers le soleil couchant qui semblait l'attirer. Une décharge générale salua leur envolée mais si loin qu'on ne pouvait pas espérer leur faire grand mal.

Seul, un d'eux sembla montrer une certaine hésitation dans son vol qui s'alourdit de plus en plus, ce qui nous poussa à le suivre sous des rayons de soleil aveuglants. Il était blessé, bien touché; et l'oiseau tomba démonté pendant que le reste de la bande s'éloignait vers Médine et le fleuve. Le danger des chutes — dès que nous fûmes revenus sur les dalles du Félou — nous obligea à ralentir les allures; nos garçons poursuivirent seuls l'oiseau, marchant pieds et jambes nus — comme toujours — avec sécurité et vitesse. Nous allions au petit pas des chevaux fatigués tout en suivant avec un intérêt bien vif la poursuite à l'oiseau faite par nos hommes dont les silhouettes disparaissaient peu à peu, car la nuit arrive très vite dès que le soleil a disparu. Plusieurs tombèrent pour se relever et tomber encore. Enfin, on ne vit plus rien que la trace plus blanche du sentier retrouvé par hasard.

Au bout de quelques instants les garçons nous rejoignent portant l'oiseau-trompette en vie, bec et pattes amarrés et les ailes ficelées sur le dos avec un vieux débris de boubou.

— Il est jeune! dit Biskiti, tout fier de l'avoir pris.

— C'est bon! tu auras dix sous comme récompense, lui répondis-je.

— Il fera très bien empaillé! dit le docteur.

— Ah! répondit Pétoire, si la blessure n'est pas mortelle — et c'est probable — nous le garderons comme réveille-matin du poste.

Ainsi fut décidé.

La nuit devenant de plus en plus noire nous eûmes toutes les peines du monde à traverser le marigot du village.

Enfin nous voilà arrivés, un peu fatigués, mais munis d'un appétit d'enfer.

Au tableau : une biche, cinq perdrix, deux canards, un pigeon et un *trompette* vivant.

L'oiseau trompette est très décoratif et presque aussi beau qu'un paon.

La soirée se passa au tam-tam, sous le grand arbre de Sambala.

CHAPITRE III.

CHASSES AUX ENVIRONS DE KAYES.

Le lion de Guénékotogui. — Les biches de Mouméri. — Gala-cita. — Le sanatorium de Ségala-Kourou. — Les kobas de Moumérou. — Hyène. — L'incendie de la montagne.

Kayes, la capitale administrative du Soudan français, s'élève à la hauteur d'un barrage du haut Sénégal nommé les Kippes.

Lorsqu'en 1881 ce point fut choisi pour en faire la base des opérations pour la pénétration vers le Niger, si vaillamment opérée par le général Desbordes, nous n'y trouvâmes pour nous abriter que deux grands tamariniers, situés à côté d'un maigre village composé d'une trentaine de cases. Aujourd'hui l'État et quelques particuliers ont élevé des bâtiments en pierre, et cet embryon de ville européenne est entouré d'une grande agglomération de cases indigènes.

Le choix de l'emplacement n'a pas été heureux si l'on considère les marais qui se trouvent dans la ville même et dans son voisinage, vers les montagnes du sud-est, et qui font de Kayes un des points les plus insalubres du Soudan où l'insalubrité est la règle.

C'est à Kayes, à près de douze cents kilomètres de Saint-Louis et de la mer, qu'on a commencé une ligne de chemin de fer vers le Niger; elle arrive à Bafoulabé distant de cent vingt-huit kilomètres.

En dehors de quelques perdrix et de nombreux rats palmistes, le disciple de saint Hubert ne trouve pas grand gibier au voisinage de la ville, à moins de tirer les vautours et les hyènes qui assurent de leur mieux le service de la voirie.

Pour faire une belle chasse un peu mouvementée, on doit s'éloigner à une quinzaine de kilomètres, faire des provisions de vivres pour plusieurs jours, emporter divers objets de campement et gagner les montagnes et les vallées du Sud.

J'eus l'occasion de visiter ces parages déserts et fréquentés seulement par quelques chasseurs indigènes, en allant rechercher sur les montagnes l'emplacement d'un sanatorium qui permît de moins grelotter la fièvre à Kayes et d'y perdre moins d'Européens.

Comme les cartes entre Kayes et la Falémé étaient presque blanches, je dus recruter deux guides, vieux chasseurs d'éléphants et d'antilopes, ayant beaucoup couru dans cette région.

Muni de quatre jours de vivres, d'un personnel de porteurs suffisant et de quelques moutons, je partis, un matin, accompagné de deux officiers qui devaient m'aider dans mes recherches.

Nous nous dirigeons vers la petite rivière nommée Diouro. En tête, les deux guides, des Bambaras portant le fusil sur l'épaule et une hache sur le cou. Ils étaient vêtus du costume de chasse qui consiste en un bonnet en forme de mitre, un boubou étriqué laissant les bras nus en liberté et un pantalon arrivant à mi-cuisse, le tout de grossière étoffe indigène teinte en jaune sale; aux pieds, des espadrilles taillées la veille dans une peau de bœuf desséchée au soleil; au cou et à la culasse du fusil à pierre, quelques gris-gris. Les porteurs suivaient marchant à la file indienne, les bagages sur la tête. A un mille environ, un grand marigot fangeux, plein de hautes herbes nous arrête et nous oblige à suivre la rive jusqu'au point où, la dessiccation étant plus avancée, nous pouvons le traverser en mettant pied à terre dans la crainte de voir nos chevaux s'y enliser.

Après avoir abattu quelques perdrix dans les lougans d'alentour, nous gagnons la petite rivière, aux ruines de Sabouciré, qui n'est pas le village des rives du Sénégal. Aux pieds des premières montagnes, le lit d'un torrent desséché nous offre une place pour déjeuner sous des arbres touffus sans être obligés d'établir nos tentes. Vers trois heures, la sieste faite dans les hamacs suspendus aux branches, nous gagnons la montagne dans la direction de Guénékotogui en faisant diverses observations. Le terrain est fort difficile et le sentier mal tracé sur ces collines qui s'élèvent à plus de deux cents mètres au-dessus de la plaine. Les porteurs sont exténués de fatigue et le docteur Rousseau, qui marche à l'arrière, a toutes les peines du monde à faire suivre quelques retardataires dont les charges sont un peu trop lourdes, comme cela arrive d'ordinaire à un premier départ. La force et l'endurance des hommes n'étant pas la même, la bonne volonté étant aussi plus ou moins grande, on est obligé de faire, le lendemain, une meilleure répartition dès qu'on s'est bien rendu compte de la façon dont chaque porteur se comporte pendant la première étape. Ce point a bien son importance si l'on veut éviter les désertions et — chose pire encore — la disparition de quelques colis qui seraient jetés infailliblement dans la brousse pendant un mouvement d'humeur.

Ces remarques faites, harassés nous-mêmes de fatigue, on hâte le pas pour arriver avant la nuit au marigot de Guénékotogui.

Une nuit sans lune, éclairée seulement par quelques étoiles, nous surprend en route, et comme il n'y a pas d'eau dans les torrents que nous traversons, on doit par force continuer la marche. Que le temps semble long dans ces situations si fréquentes au Soudan où l'on va toujours devant soi pour trouver de l'eau! Enfin quelques cris témoignent que nous sommes au but. Nous voici, en effet, au marigot si désiré, où se dessinent, sur des roches plates, quelques flaques d'eau reliées entre elles par de petits filets dont le léger murmure signale un faible courant; sur les deux rives, une forêt avec de hautes herbes de deux mètres, vertes, qu'il ne faut pas songer à brûler pour se faire un emplacement découvert si utile dans le désert, car on ne peut pas donner un autre nom à la région où nous sommes. Dans ces conditions je fais établir le campement dans le lit même du torrent sur ces grandes dalles nues un peu glissantes mais suffisamment sèches, véritables îlots presque entourés d'eau. Les palefreniers avec les chevaux s'établissent sur la rive droite, aux premiers arbres, les porteurs en face et nous au centre. Dès que les hommes et les animaux fortement altérés ont bu à leur soif, pendant que les uns coupent du fourrage et que les autres abattent deux moutons, le dîner est préparé. Rien d'anormal dans les environs. Enfin, vers huit heures, la lune toute rouge apparaît et nous dînons gaiement au milieu de cette solitude dont nous troublons la paix par le grand vacarme ordinaire à des gens contents d'être au repos, la tâche terminée. Après le repas je recommande d'une manière toute particulière le bon entretien des feux pendant la nuit à cause des fauves; cela fait, tout le monde se couche et s'endort.

Je restais seul éveillé devant ma petite table en train d'écrire mes observations et le journal de marche et de songer à la direction que je pourrais bien prendre le lendemain — les montagnes traversées ne paraissant pas remplir les conditions désirables — lorsqu'un rugissement épouvantable se produit à quelques mètres de mes porteurs sur la berge rocheuse à pic au-dessus de leurs têtes : c'était le lion! le lion que l'odeur des moutons ou bien la présence d'une onde pure attirait en ces lieux. Les chevaux piaffent en hennissant; tous les porteurs, réveillés en sursaut, se lèvent et reculent effrayés, en poussant des cris épouvantables, vers le photophore qui est allumé devant moi. Assis sur mon pliant, je saisis ma carabine appuyée sur une cantine, et j'observe dans la direction des premiers cris. Deux lumières pareilles à des charbons ardents paraissent sur la berge, à travers les hautes herbes, et disparaissent aussitôt sans me laisser le temps de diriger une balle dans cette direction. Devant tout ce brouhaha, le lion regagne tranquillement la forêt sans faire la moindre tentative pour se rapprocher.

Les feux, qui ne flambaient déjà plus, sont activement poussés; on y entasse un stock considérable de bois, presque la provision de la nuit.

Après s'être entretenu de cet incident, tout le monde se recoucha sous l'influence de la fatigue, et je pus continuer mon travail si brusquement interrompu.

Le lion du Soudan, qui vit dans l'abondance au milieu de ces forêts où pullulent les grosses bêtes, attaque fort rarement l'homme; il ne se signale pas, comme en Algérie, par d'incessantes rapines nocturnes faites parmi les troupeaux, dans les villages et les douars. Je n'ai jamais appris qu'il ait enlevé quelque chose aux indigènes. De taille élevée, le pied large et puissant, la nature ne l'a pas doté de cette belle crinière si majestueuse du lion de l'Atlas. Il se complaît dans les montagnes, parmi les rochers, et il aime boire l'eau claire des torrents. Il est rare qu'un massif un peu important ne possède pas quelque représentant de son espèce. Toutefois, le lion est plus rare au Soudan qu'en Algérie et il est bien moins terrible à l'homme et aux troupeaux. Cela peut tenir aussi à ce que la population étant moins dense, il ne s'adresse généralement qu'au gros gibier, abondant.

Quelques rugissements lointains me firent croire qu'il s'était définitivement éloigné; et je m'étendis sur mon lit, vers dix heures, sans nouvel incident.

Au réveil, le soleil déjà à l'horizon, je pus constater, dans le voisinage du point où il s'était montré, deux empreintes bien caractéristiques de la visite de la veille.

Nous passâmes la matinée sur ce lieu afin de pouvoir reconnaître les environs, ce que nous fîmes en chassant.

Après avoir remonté pendant quelques instants le lit du torrent en marchant à sec d'une roche à l'autre, des barrages successifs s'élevant à pic au-dessus de bassins pleins d'eau nous obligèrent de gagner la rive droite, où de gros blocs de roche témoignaient des anciens déplacements du torrent pendant les grandes pluies d'hivernage. Les poules de rocher sont fort communes. Noires, pas plus grosses qu'un pigeon, elles vivent aux environs de ces pierres où elles se réfugient, surprises, en se logeant dans les fissures pendant qu'elles battent un rappel assez semblable à celui de nos poules de basse-cour; peureuses, elles ont le vol de la perdrix. Il est fort difficile de les approcher à moins de les surprendre en marche ou à l'affût. Vous les voyez sortir de leurs repaires, se promener sur le dos des rochers et se poursuivre avec une extrême vitesse qui en rend le tir difficile. Il est indispensable de les tuer sur le coup si vous voulez les mettre dans votre gibecière, car, démontées et même grièvement blessées, elles se logent dans leurs trous d'où il est impossible de les retirer.

Douze poules furent tirées et sept seulement parurent au tableau.

Ces rochers recèlent aussi quantité de rats de forte taille, presque aussi gros que des lapins de garenne : de rudes ennemis pour les couvées des poules de rochers qui font très bonne figure sur nos tables.

Le soir, devant l'impossibilité matérielle de gagner, par le torrent, le massif de l'est qui nous séparait de la plaine du fleuve, force fut de retourner sur nos pas, sur trois kilomètres, jusqu'aux grands baobabs où nos guides prirent un vieux sentier de chasseurs qui devait nous conduire vers la réunion de ce marigot à un autre venu du levant pour former, à Mouméri, la petite rivière Diouro qui se perd dans le Sénégal, entre Kayes et Médine.

Nous avançons péniblement dans cette vieille sente abandonnée ; les hautes herbes dépassent les charges des porteurs et les chevaux doivent s'y ouvrir un passage. Enfin toute trace a disparu et nous voilà perdus en pleine brousse. Les guides jouent de la hache pour frayer un chemin dans une direction donnée par le compas. Nous faisons bien six cents mètres à l'heure.

Les hautes herbes humides répandent sur nous de nombreuses gouttelettes de rosée en laissant exhaler une odeur désagréable de paille verte à demi putréfiée.

A force de travail et de patience, nous finissons par atteindre la rivière très encaissée et

portant beaucoup d'eau, dont nous suivons la rive gauche, dans des conditions un peu moins pénibles, jusqu'au gué que l'on rencontre au confluent des deux marigots. Alors, à travers de belles plantations de mil et d'arachides, nous atteignons le *village de lougans* de Mouméri qui se trouve situé dans un coude de la rivière, entre celle-ci et la montagne de l'est.

Les indigènes du Soudan ont l'habitude, en dehors des cultures qu'ils ne manquent jamais de faire aux alentours des villages, de cultiver, quelquefois à grande distance, des lougans d'hivernage. Cela les oblige à construire sur place quelques cases qui ne diffèrent des autres qu'en ce que les murailles en terre sont remplacées ici par des pieux rangés en cercle et réunis par une natte en paille grossièrement tressée. Ces fragiles demeures sont temporairement habitées par des esclaves et le chef du groupe est un captif de case, un homme de confiance. Le propriétaire se borne à aller de temps à autre visiter ses cultures et ses gens pour rentrer le soir même à son village.

C'est à quelques mètres des cases que nous dressons nos tentes, sous un figuier.

A Mouméri, biches, pintades et perdrix abondent.

Pendant que Namouké, mon cuisinier, prépare ses casseroles, je pars, le fusil au bras; Biskiti, qu'une épine plantée dans le pied durant la marche, mais arrachée, oblige à boiter, m'accompagne. Nous longeons la rivière fort encaissée au fond de ses rives à pic.

— Incorrigible Biskiti, dis-je, tu ne mettras donc jamais tes sandales pendant la marche?

— Je te promets de les porter, me répond-il. Et il marchait en affectant une marche naturelle lorsque je le regardais.

Tout à coup, au fond d'un coude du Diouro, à côté de quelques arbres que les éboulements ont entraîné dans le lit, j'aperçois, à environ soixante-dix mètres, trois jolies gazelles, le flanc de blanc tacheté, la tête surmontée d'une petite paire de cornes plus noires que l'ébène; elles buvaient à pleine bouche dans la nappe limpide qui coulait paresseuse sur de gros galets.

Je passe aussitôt deux cartouches à chevrotines dans mon fusil et je mets en joue la plus rapprochée que je voyais de flanc. Pendant qu'après boire elle tourne la tête de mon côté, je lui sers mes deux coups, et aussitôt ses compagnes de détaler sur le sable par la rivière et ma gazelle de chanceler et de s'abattre à quelques pas. Je fus obligé de faire un long détour pour rencontrer une pente d'accès.

Biskiti chargea l'animal sur ses épaules, le ventre sur sa nuque, les pieds en avant tenus des deux mains. Dans cet appareil je continue à suivre la rive. Quelques gros points noirs sur la haute cîme d'un arbre touffu me font penser aux pintades; elles sont là, en effet, haut perchées, la tête en éveil, mais si paresseuses qu'elles me laissent approcher et faire deux victimes que Biskiti engouffre dans son filet.

Comme je me trouvais déjà loin du village et que le soleil de dix heures commençait à piquer fortement malgré mon casque, je revins sur mes pas en m'éloignant de la rive, à travers des champs de patates et d'arachides où les perdrix nombreuses couraient devant moi sans s'élever et sans trop se presser. Il ne me parut pas humain d'augmenter la charge déjà si grande de mon garçon.

Les merles métalliques à longue queue pailletaient de leurs reflets les arbres d'alentour en faisant un vacarme infernal. De loin, ils ressemblaient à ces gros scarabées verts du Brésil. Sous les rayons d'un soleil intense on les voyait voltiger d'arbre à arbre, de branche en branche, où, perchés, ils ne cessent de remuer leur longue queue miroitante, autant pour aider à l'équilibre que pour réfléchir les rayons de lumière. Ils sont aussi beaux et moins sots que des paons.

Le soir, vers trois heures, nous courons à l'est, par un mauvais sentier qui traverse le massif, vers Kaffa. L'ascension est assez pénible à cause des cailloux ferrugineux qui couvrent le sol sur des plateaux successifs où l'on aperçoit de nombreuses biches en train de brouter à belles dents les petites herbes tendres poussant sur un sol récemment incendié. Pendant une halte, à grande distance, je tire une balle sans autre résultat que celui de leur faire prendre le large en des bonds moelleux, de fort bel effet.

On va, le soleil sur la nuque, sous une chaleur accablante et à pied, vu le mauvais état du sentier qui a souvent des marches en pierre de près d'un mètre de haut. Tout cela nous oblige à mettre sur notre tête des serviettes que Biskiti plonge dans l'eau fraîche de ma bonne peau de bouc, seul moyen d'éviter une insolation. Les noirs eux-mêmes, ruisselants de sueur, se protègent en couvrant leur tête rasée de petits rameaux verts arrachés aux arbres rabougris du voisinage.

Enfin nous atteignons l'arête de la montagne

entre deux sommets qui forment défilé, et le fleuve se montre au loin. Sur ce versant, l'aridité disparaît. A travers ce grand plateau à pente douce se trouvent des lougans fertiles et le village de cultures de Galacita, semblable à celui que nous avons quitté.

Je fais installer le campement à côté d'un puits où les femmes sont à puiser une eau peu abondante et bourbeuse dans les calebasses qui tarissent la source.

Nos seaux en toile sont remplis; à l'aide d'un gros cristal d'alun l'eau est clarifiée, et des filtres en charbon la rendent belle comme du cristal de roche.

J'ai vu rarement un assemblage de femmes aussi vieilles et aussi laides que ces captives qui viennent à l'eau et nous soutirent quelques rations de tafia. On nous porte des poulets, des œufs et de l'oseille du pays.

Le lendemain, après avoir envoyé les guides sur les pics de Kaffa et de Ségala, nous descendons dans la plaine, au village de Kaffa, qui jouit de la réputation de posséder les plus jolies filles du Khasso.

Le village se trouvait encore noyé dans les hautes herbes; seuls, quelques grands arbres indiquaient sa position.

Au milieu de cette brousse quelques places portent des cultures. Près des cases et autour des puits on voit plusieurs petits jardins entourés d'épines sèches, verts de petits oignons, de patates et d'oseille; des courges et des calebasses aux tiges jaunes pendent à demi pourries ou desséchées sur les clôtures qui en défendent l'accès aux troupaux. Des femmes légèrement vêtues d'un mauvais pagne puisent au fond des puits une eau jaune et bourbeuse qui dégoutte de leurs calebasses suspendues à l'extrémité d'une corde, éclaboussant des pieds et des jambes qui barbottent dans une mare d'occasion. Les bébés, suspendus en l'air par un bras, poussent des hurlements sous la main calleuse de leur mère qui les lave à grande eau.

Ahmady, le jeune chef du village, vient à ma rencontre, accompagné de son fidèle forgeron; il me conduit sur la place où le campement est vite dressé. Sur un tréteau appuyé à l'arbre séculaire, des vieillards fort vénérables avec leur maigre barbe blanche, discourent à l'ombre. Puis, c'est une cohue de femmes et d'enfants dont la curiosité est stimulée par notre visite. Le chef, sachant ce que je désire, me parle des montagnes de Kaffa et de Ségala qui s'élèvent devant nous, majestueuses, séparées par un grand cirque.

Des drapeaux blancs viennent d'être aperçus aux sommets où les ont plantés les guides, qui ne tardent pas eux-mêmes à venir me rejoindre pour fournir tous les renseignements désirables.

L'ascension est décidée pour le lendemain. Le soir, grand tam-tam en l'honneur de leurs hôtes, à la lueur des torches, car la lune est tardive. Et les griotes de dessécher aussitôt à un feu de paille les peaux de leurs instruments que l'humidité a par trop ramollies.

Le beau village de Sabouciré commence aussi son tam-tam avec un grand bruit que laisse arriver une distance de près de quatre kilomètres.

La gaieté est grande à Kaffa et des distributions de tafia de traite l'augmentent encore sensiblement chez les hommes encore peu inféodés à l'Islam. Une mention particulière est due au forgeron.

Le lendemain, à l'aube, bien remis de nos fatigues, nous allons visiter les montagnes et l'ascension de Ségala-Kourou est tentée. Nous gagnons à cheval le plateau d'un cirque à pente douce où quelques perdrix et des poules de rocher sont abattues. Un marigot, le Kaffakô, possède encore aux pieds de deux chutes à sec un bassin plein d'eau profonde, repaire de gros caïmans qui, le nez au soleil sur le sable, rentrent et se cachent en nous voyant.

Débarrassés de nos chevaux, qu'on établit à l'ombre dans le voisinage, nous gravissons la montagne à travers un terrain semé de roches et d'arbres, à pente roide, sans sentier ni piste. Le soleil est heureusement masqué par la crête. En deux heures, après maintes chutes, en nous aidant des arbres et des herbes, nous atteignons un plateau, à plus de trois cents mètres d'altitude au-dessus de Kaffa et de là nous gagnons facilement le sommet extrême d'où nous apercevons un admirable panorama. Au nord, Médine, les chutes du Félou et le fleuve qui se déroule vers Saboucéré; sur un second plan, à l'horizon, les montagnes de Koniakary et son marigot argenté sous le soleil; à l'est, de remarquables tables de pierre et les montagnes vers Bafoulabé; au sud et à l'ouest, le ravin de Moumérou — petit village de lougans — le massif vert et boisé et, par-dessus, les montagnes vers la Falémé. Nous sommes à 430 mètres au-dessus du niveau de la mer et à 325 au-dessus de la plaine du fleuve et de Kaffa.

Le plateau supérieur de Ségala-Kourou est fort étendu; il est boisé sur les bords qui affectent la forme d'une grande ellipse. Le centre est couvert de fines graminées poussant sur un sol rempli de petits cailloux ferrugineux de grosseur variable; les arbres n'y sont pas rares.

Un grand gourbi commence déjà à s'élever vers l'extrémité nord-est, sous la main des porteurs dont les uns coupent des pieux ou ramassent de la paille pendant que d'autres font de la ficelle en détachant des arbres des lanières d'écorce.

Biskiti, agile comme un singe, est déjà à planter un drapeau tricolore sur le faîte d'un grand caïlcédra.

Namouké, à ses fourneaux, s'évertue à dresser un menu sortable.

Les instruments d'observation sont fixés à l'ombre sur le tronc d'un arbre.

La grande fraîcheur qui règne, la pureté remarquable de l'air et la beauté du paysage nous dédommagent bien des fatigues de la route.

Mes hommes saluent le pavillon de plusieurs coups de fusil, en signe de joie.

Déjà le gourbi est recouvert d'une épaisse couche de paille impénétrable au soleil et les murailles sont formées de même matière.

Un bouquet de fleurs de chèvrefeuille pare notre table et l'embaume.

Amady, le chef de Kaffa, qui nous a accompagnés, est invité à partager nos agapes, et un quatrième pliant est dressé à son intention autour de la petite table démontable qui sert à tous les usages, depuis la toilette jusqu'aux repas, en passant par la correspondance. Amady n'a pas une grande habitude de la fourchette ; il est autorisé à se servir de ses doigts pour déguster une côtelette de mouton. Le déjeuner est fort gai, arrosé d'un champagne de traite plus ou moins authentique. Le fidèle forgeron, assis par terre, dévore les os qu'on lui passe et boit dans le verre de son maître. Au bout de quelques instants, le malheureux, complètement gris, va s'étendre sur les cailloux, la tête au soleil ardent qui tuerait un blanc en cinq minutes mais qui lui convient, à lui, du fait de l'acclimatement et de l'atavisme ; il s'endort profondément.

Pendant qu'on trace sur l'arête adoucie en plateau une route circulaire et sur le flanc de la montagne un chemin en corniche afin d'en faciliter l'accès aux chevaux, je pars, accompagné du docteur Rousseau et du lieutenant Frantz, à la recherche de l'eau et en chasse, suivi des garçons. Nous nous dirigeons au sud-est vers le plateau où se trouve, sous des baobabs, le village de lougans de Moumérou. Un marigot possédant encore plusieurs bassins remplis d'eau descend de la montagne voisine; il reçoit toutes les eaux du cirque. A plus de 500 mètres, Biskiti, à l'œil de lynx, signale quelques points rouges qui sont des kobas en train de paître l'herbe tendre; leurs grandes cornes droites en l'air sont pareilles à des troncs d'ébène dépouillés de leur aubier. La distance qui nous sépare est encore considérable et le marigot encaissé offre un obstacle sérieux. Nous rasons la rive en nous dissimulant de notre mieux et en prenant la précaution de ne pas faire rouler les roches libres qui se présentent fréquemment sous nos pas. Une belle compagnie de pintades file devant nous au pas accéléré sans tenter une envolée tapageuse et piaillarde qui n'eût pas manqué d'avertir les antilopes; elles se conduisent en pintades bien sages et regagnent la montagne en nous laissant le terrain libre. Nous étions arrivés à cent mètres environ de nos sept kobas dont les tailles variables dénotaient la présence d'une famille entière. Ces beaux animaux broutaient en paix et sécurité les extrémités d'une herbe verte et tendre. Deux petits dont les cornes commençaient à poindre donnaient de gracieux coups de tête en se cabrant à la manière des biques en belle humeur.

Heureux petit peuple qui allait bientôt pouvoir, le ventre plein, s'abreuver dans l'eau de la rivière si nous n'étions pas arrivés le cœur plein de mauvais desseins ! Mais, en dehors du plaisir de la chasse, il nous restait encore une bonne excuse à venir troubler cette fête : la viande fraîche se faisait rare.

Un grand koba se retourne étonné et tous font de même sans qu'il ait été possible de percevoir le moindre bruit. Nous visons celui qui paraît avoir donné l'éveil et trois balles lui sont servies au moment où le troupeau prend le galop vers la montagne, effaré. Notre koba qui part d'abord menant un train d'enfer se laisse peu à peu distancer; il ne suit plus que difficilement et sa démarche, de plus en plus ralentie, indique qu'il est bien touché. La direction repérée, nous descendons dans le marigot fort prestement, — Biskiti le premier au fond, à la suite d'une roche qui a manqué sous ses pas — et l'on traverse dans l'eau jusqu'à la cheville. Avec l'aide de quelques arbustes la rive est atteinte et nous partons aussitôt dans la direction observée où il n'y a plus le moindre koba. Une rapide inspection nous permet de constater quelques taches de sang. Les garçons qui marchent plus vite que nous s'arrêtent bientôt devant un buisson où le koba appuyé contre un rocher fait tête avec ses cornes de près d'un mètre fort pointues, l'œil en feu. Des gouttelettes rouges suintent d'une plaie au niveau du rein. Il porte une belle robe rouge muraille à longs poils; sa tête fine et allongée se termine par un museau noir aux narines baveuses de colère. Là, furieux sur ses pieds fourchus, il est prêt à éventrer l'audacieux qui l'approchera et tentera de le capturer vivant.

— Eh bien! qu'attendez-vous pour le prendre? dis-je en riant aux noirs qui l'observaient en silence.

— *Koba membêté!* répondirent-ils. — Le Koba est en colère!

Le docteur Rousseau lui servit le coup de grâce, à cinq mètres.

Le bel animal, aussi gros qu'un bœuf de deux ans, s'affaissa la bouche ouverte, la langue pendante. Comme il ne fallait pas songer à l'emporter et à remonter un poids pareil, je priai le chef de Moumérou de le découper et de m'en apporter les quartiers en haut, lui promettant une récompense. Les kobas sont très communs dans ces montagnes comme dans tout le reste du Soudan. Leur patrie comprend le haut Sénégal et le haut Niger où ils tracent dans les forêts, pour se rendre à l'eau et aux pâturages, des sentes bien battues où l'herbe ne pousse pas, plus larges que les routes des noirs; pas de roches sur le sol uni où lions et panthères ne manquent pas de se mettre à l'affût pour assurer leur subsistance. Si, perdu dans la brousse, vous rencontrez un de ces chemins, vous pourrez être certains de trouver de l'eau en le suivant, car tous conduisent aux rivières ou aux marigots.

Il est curieux, sous bois, de suivre les routes des antilopes sur lesquelles viennent toujours aboutir des sentes plus petites ou plus larges selon qu'elles sont faites par des pintades, des gazelles, des girafes ou des éléphants. Un peu d'habitude suffit à les distinguer entre elles. Les sentiers d'éléphants sont les plus larges et les mieux battus; et les empreintes qu'on y trouve toujours aux endroits humides vous fixent encore bien mieux. Il n'est pas rare d'y observer des traces du lion qui, lui, n'a pas de pistes propres; leur direction montre qu'il ne fait généralement que les traverser pour les besoins de sa chasse; et souvent des carcasses dénudées de différents animaux témoignent assez de ses rapines parmi le gros gibier. En présence de tant de bêtes destinées à sa table, le lion n'éprouve pas le besoin de se rapprocher des villages et d'y enlever un bœuf ou un mouton en pénétrant, par une facile escalade, dans les parcs entourés d'épines, barrières dressées seulement pour empêcher les troupeaux d'aller vaguer, la nuit.

Le lendemain matin, le chef de Moumérou, le koba partagé en morceaux selon la taille et la force de ses gens, grimpe péniblement le long de la montagne qu'il aborde par un des côtés les plus difficiles, sous un soleil de neuf heures. La petite caravane se composait, en dehors du chef qui ouvrait la marche, de treize personnes parmi lesquelles ses trois femmes dont la plus vieille paraissait quarante ans et la plus jeune quinze, et dix de ses filles ou garçons, chacun portant sur la tête un morceau d'antilope. Quand il m'eut présenté les siens nominalement et en déclinant les qualités de chacun, je dus, en justice, le complimenter sur sa famille qui était superbe. Le plus petit enfant paraissait avoir cinq ou six mois; il était porté par sa mère, les jambes à califourchon sur le dos, les fesses et les reins amarrés au corps à l'aide d'un vieux pagne qui se fermait sur les seins, comme une corde, les étranglant; il était en selle le ventre au chaud, l'œil éveillé, balançant, à droite et à gauche, sa petite tête rasée ornée d'une mèche au front, à l'unisson du pas lourd de sa mère qui portait en outre sur le chef un des plus gros quartiers de l'animal.

Tout ce monde s'assied par terre et, le tafia servi, on cause du ravin du Moumérou et des grosses bêtes qui en fréquentent les lougans. Le chef se plaignait particulièrement des kobas qui font de grands dégâts aux nouvelles cultures de mil et aux jeunes tiges d'arachides. Je lui expliquai que les blancs allaient venir habiter sur la montagne et qu'ils le débarrasseraient aisément de ces voisins peu scrupuleux.

— Tu pourras de plus gagner de l'argent en venant vendre ton lait et des légumes ici; seulement passe toujours par le même chemin afin de frayer une route de ton côté.

Quand on lui eut recommandé de m'apporter tous les jours de l'eau et du lait, le bonhomme se disposa à regagner ses cases en me faisant ses salutations.

Dans le besoin où j'étais d'envoyer aux provisions à Médine, tout en conservant intact mon personnel pour le travail des routes d'accès, je lui demandai s'il ne pourrait pas me faire porter une lettre à l'escale par un des siens.

— C'est possible! me répondit-il; et il adressa quelques paroles à sa fille aînée, la belle Aïssata qui, sans désemparer, prend ma lettre, la place sur sa tête avec un petit caillou par-dessus afin de l'empêcher de s'en aller au vent et part pour Médine, le pied leste.

Les noirs aiment tout porter sur leur tête ou pour mieux dire ne savent pas porter autrement, que l'objet soit léger ou pesant, petit ou gros. Tout sur la tête! telle est la coutume chez les femmes, les hommes et les enfants.

Les nuits sont si fraîches qu'il est nécessaire de se couvrir d'une bonne couverture de laine.

Au loin dans la plaine et l'éclairant de vagues clartés, de grands incendies sont allumés par les indigènes afin de préparer les terrains de culture.

Tout le monde se régala avec le koba qui nous fit un potage exquis. Les porteurs s'en donnent à cœur joie et moi j'y trouve un grand soulagement à la menace de famine qui me tracassait.

Nous faisons quatre fois par jour des observations comparées à la même heure, à Kaffa et sur la montagne. Ici, la température est inférieure de près de trois degrés à celle de la plaine et nous sommes à l'abri de toutes les émanations nuisibles du sol.

Après avoir bu le champagne à l'avenir du Sanatorium de Ségala-Kourou, tout le monde se couche, les noirs repus sur le sol, les épaules appuyées sur une poignée de feuilles vertes et les pieds au feu, Rousseau dans son lit de camp et moi dans un excellent hamac en toile, le regard fixé sur la plaine incendiée.

Le terrain a été nettoyé avec soin et une route de trois mètres de largeur enserre tout le plateau supérieur de la montagne.

Les quartiers d'antilope qui restent ont suspendus aux arbres du voisin

La lune tardive vient bientôt donner à la montagne, avec ses pâles reflets sur les feuilles, l'aspect gris des oliviers en Provence.

Trois ou quatre *hou* lugubres de l'hyène se font entendre fort loin d'abord dans la plaine et se rapprochent de plus en plus. Tout porte à croire que cet animal va faire sa tournée nocturne au village de Kaffa en quête d'un animal mort ou de quelque tombe fraîche du cimetière des noirs où il a l'habitude de déterrer les trépassés. Un long silence me fortifie dans cette pensée. Et puis cette bête est si commune, elle vous assourdit si souvent la nuit de son cri lugubre qu'on n'y prend pas plus garde qu'au bruit des vilains cornets de tramway à Paris. Affaire d'habitude.

J'étais déjà dans cet état si fréquent dans les nuits des tropiques où ce n'est ni la veille ni le sommeil, où c'est plutôt la vague rêverie due aux fraîches températures nocturnes après les feux du jour, lorsque je perçois un *hou* timide qui m'éveille et me fait me demander si je n'ai pas rêvé de l'hyène ou bien si elle ne se trouve pas, par hasard, dans le voisinage. Les quartiers d'antilope suspendus aux branches me laissèrent croire que je n'étais pas victime d'une illusion. Après m'être un peu soulevé sur mon hamac sous la pression lente des bras, je pris, à tout hasard, mon fusil qui se balançait suspendu à une branche à côté et j'attendis l'oreille aux écoutes : Rien !... Enfin il me sembla reconnaître quelque chose d'anormal du côté de la tête du koba qui reposait par terre, les cornes en l'air appuyées contre un petit arbre. Quelque chose remua. Je mis en joue et, après avoir fermé plusieurs fois de suite les paupières afin d'avoir la vue plus distincte, j'aperçus l'immonde animal qui commençait à ronger les naseaux de l'antilope. Un coup de feu fut tiré à six mètres et le corps roula sur la pente assez raide de la montagne jusqu'à un gros arbre qui l'arrêta.

Tout le monde s'étant levé en sursaut, à l'aide de torches nous pûmes approcher et voir le cadavre d'une belle hyène que l'odeur du koba avait si malencontreusement attirée sur la montagne de Ségala.

Cela fait, chacun se rendort sous une petite brise de nuit qui n'est pas déplaisante.

Comment se produisit l'événement qui va suivre? Je l'ignore. Est-il venu des palefreniers qui campaient plus bas à Kaffako? Je le sais encore moins. Toujours est-il qu'une immense lueur, qui s'étendit comme celle d'une trainée de poudre dans le cirque d'en bas, nous illumina subitement d'une grande clarté. C'était, à n'en pas douter, le feu qui brûlait les herbes sèches et qui gagnait le pied de la montagne au sommet de laquelle nous étions placés. Sous l'influence d'une brise fraîchissant de minute en minute l'incendie fait le tour de la montagne et se signale sur trois faces à la fois. Ségala-Kourou, comme un grand cierge, illumine d'une immense lueur la plaine du Sénégal. On entend le grésillement particulier des flammes brûlant les hautes herbes et limant les tiges des arbres qui ont des reflets rouges dans les feuilles, au milieu de grandes bouffées de fumée s'élevant vers le ciel. La montagne de Kaffa s'allume à son tour et vient corser le tableau.

Comme les herbes étaient vertes en certains points, les flammes laissaient des îlots intacts et se bornaient à griller tout ce qui était un peu sec.

Le feu montait toujours; et la situation n'était pas bien drôle.

Comme il était inutile d'intervenir, on dut se borner à bien débroussailler les environs des gourbis : tout ce que l'on pouvait tenter. La flamme monta et dut s'arrêter à quelques mètres de nous lorsque l'aliment vint à lui manquer. Le chemin circulaire que nous avions pratiqué, dès l'arrivée, autour du plateau supérieur fut une barrière que le feu ne put franchir, et tout resta indemne autour de nous.

Amady, le chef de Kaffa, vint avec des hommes pour voir si aucun accident ne nous était arrivé. Une partie de la nuit se passa à admirer ce grandiose spectacle que l'on n'avait pas pu éviter.

A cette époque de l'année on ne voit qu'incendies de tous côtés. Si la plus petite étincelle ne suffisait à les allumer, les indigènes s'en chargeraient volontiers dans leur manie de mettre le feu à la brousse, de jour ou de nuit, autant pour préparer les terrains de culture que pour éloigner les fauves des lieux habités.

Cette habitude, qui leur évite des fatigues, produit de grands dégâts dans les forêts en grillant la peau des jeunes arbres qui, s'ils n'en meurent pas toujours, affectent des formes torses, peu propres aux constructions européennes.

A la suite des incendies, les doyens des forêts un peu vermoulus se mettent à brûler sans flamme, à se consumer comme de l'amadou, lentement et quelquefois pendant des mois. Le chasseur leur demande souvent du feu pour ses besoins. On trouve aussi sur le sol des traînées épaisses de cendres représentant ce qui reste de ces géants du désert.

Les vieilles femmes des villages, habiles à fabriquer le savon indigène, vont de temps en temps sur les lieux incendiés pour y recueillir ces débris qu'elles emportent sur la tête à pleines corbeilles pour en faire ces grosses boulettes noires qui rendent blancs les boubous et les pagnes les plus récalcitrants. C'est avec ce savon qu'auprès des rivières ou sur les bords des puits, les femmes, vêtues comme des portes de prison, font entre elles ces rincettes générales, le corps plein de mousse écumeuse, en mutuelles frictions sur leur peau d'ébène reluisante au soleil.

CHAPITRE IV.

CHASSES DE BAFOULABÉ.

Les affluents du Sénégal. — Le lion de Dioubéba. — Combat de Sadio avec le lion. — Les pintades. — La panthère. — Convoi de voitures. — Les Mallinkés.

A 128 kilomètres de Kayes, à Bafoulabé, le Sénégal est formé par deux gros affluents : le Backoy qui vient de l'est après avoir arrosé une partie du Kaarta, le Bélédougou, le Fouladougou et partiellement le Birgo et le Bouré; et le Baffing qui vient du sud, des montagnes du Fouta-Dialon. Le premier venant de régions plus ou moins influencées par le Sahara et moins pluvieuses, fournit un plus petit volume d'eau que le deuxième, malgré l'étendue de son bassin. Cela provient de ce que le Baffing prend ses sources en des montagnes plus élevées, mieux boisées et où les pluies d'hivernage durent plus longtemps.

Sans son affluent du sud, le haut Sénégal,

malgré ses biefs, serait presque à sec vers la fin de la saison sèche, à raison de l'aridité relative, du déboisement et de l'état plus ou moins sablonneux des pays traversés par les marigots venus du nord au Backoy qu'ils n'alimentent sensiblement que pendant huit mois de l'année.

D'après ces considérations, il est facile d'apprécier justement la valeur agricole des terrains de ces régions du haut Sénégal nommées improprement Soudan, car ce pays ne commence à vrai dire que vers Kita, le Niger et les pays situés au delà.

A Bafoulabé, le Sénégal prend sa course vers la mer avec sa masse imposante d'eaux amenées par les deux affluents générateurs et il s'y étale en un grand bief large et profond, semblable à un lac.

Les eaux descendent vers l'ouest et Saint-Louis après avoir séjourné, lentes, dans des bassins successifs formés de dénivellations du sol; elles précipitent leur masse en deux grandes et puissantes cataractes, les chutes de Gouina et celles du Félou.

Les chutes de Gouina, merveilleuses et grandioses, offrent le plus beau spectacle naturel qui s'observe dans cette région de l'Afrique qui s'étend de Saint-Louis à Bammako sur le Niger, sur une étendue de près de 1,800 kilomètres.

Rien de si imposant que la masse liquide du fleuve s'épandant sur une large étendue de roches presque à pic pour retomber bouillonnante au fond du bief inférieur en produisant un bruit étrange et assourdissant, sous une buée qui s'élève des flots d'écume éclatants sous le soleil.

Sur ces roches abondent poules de rocher et pigeons sauvages.

A l'entour, vers les montagnes bornant la plaine, l'on rencontre de grands parcs de gibier gros et petit : kobas, gazelles, sangliers, pintades, perdrix et cailles pour ne citer que les plus paisibles; éléphants, bœufs sauvages, hippopotames, lions et panthères, pour nommer les plus remarquables par la taille ou la férocité.

Les pays du nord et du sud se trouvent sous notre domination; ils offrent une grande sécurité aux disciples de saint Hubert. — du côté des hommes s'entend.

Les habitants y sont fort clairsemés et placides, ce qui explique l'abondance du gros gibier peu amoureux du voisinage de l'homme, fût-il nègre et par conséquent exceptionnellement chasseur de fauves et autres bêtes.

Au nord, vers Nioro, sur les confins du Sahara, au pays où le sable est plus commun que la bonne terre cultivable, vous ferez ample moisson, surtout si vous remontez quelques-uns des marigots de l'est au moment de la siccité absolue du sol, car le gibier, fort avide d'eau, se tiendra du côté des mares en dessiccation qu'on y trouve pendant la saison sèche. Le gibier ne partage pas, hélas! cette particularité si appréciée dans le chameau, hôte de ces parages, de porter dans une outre intérieure la provision de liquide nécessaire à des courses de plusieurs jours sans eau. La nature toujours sage ne lui demande pas tant de labeur et tant de peine qu'au vénérable camionneur du Sahara; elle a demandé au gibier de se désaltérer journellement aux ondes pures et le gibier, à la saison sèche, se tient en permanence près des mares. Si encore il pouvait creuser des puits artésiens! mais l'éléphant lui-même, malgré de nombreux essais à l'aide de ses défenses et de sa trompe, n'y est pas parvenu. Il s'ensuit que le chasseur désireux de trouver du gibier doit hanter les marigots, puisqu'ailleurs il se trouve lui-même, sous le rapport de l'outre intérieure, aussi mal partagé que le gibier destiné à exercer sa sagacité.

Depuis notre occupation du Ségou et du Macina vous n'y trouverez plus de Toucouleurs venus de Niger ou d'ailleurs : le Fouta sénégalais, leur patrie d'origine, les réclamait.

Quant aux caractères ethniques des maigres populations qui s'y trouvent, c'est à dérouter le grand Broca lui-même, qui fut, sur la fin de ses jours, le grand maître de l'anthropologie en France et le vulgarisateur de cette science à travers le monde.

C'est un inextricable fouillis de races diverses du Soudan profondément triturées par l'esclavage et de nombreux croisements : un peu de Mandingue et de Mallinké avec une faible, très faible dilution de Poul et de Maure.

Le bassin du Baffing possède une certaine fertilité. Les cultures les plus répandues sont le mil, les arachides, les patates et le coton.

Le mil devrait s'y transformer en alcool et les arachides en huile que le courant du fleuve pourrait entraîner vers Saint-Louis et la mer, avec quelque avantage.

Le coton est médiocre; mais une culture mieux entendue et des croisements d'espèces pourraient peut-être le rendre commercial.

De Bafoulabé à Kita le sol s'élève en de hauts plateaux et des montagnes avec quelques vallées giboyeuses. La nature assez ingrate du sol semble devoir être un obstacle à un grand repeuplement de ces régions qui ne paraissent pas disposées à assurer la subsistance de fortes agglomérations d'hommes. Bafoulabé est le point extrême du chemin de fer vers Bammako.

Si on traverse le Baffing, fort large en ce point, on passe à la Pointe d'où un chemin de fer à voie étroite, du système Decauville, vous portera à Dioubéba, sur un parcours de quarante-cinq kilomètres environ.

Cette région montagneuse de Kalé est un magnifique terrain de chasse. Installez-vous sur la rive gauche du Backoy — un bon gourbi est vite fait — et préparez vos armes pour le lendemain matin, après vous être bien reposé, comme moi.

Vers neuf heures du soir, étendu dans mon hamac à quelques pas de la rivière, je respirais cette douce fraîcheur de la nuit que l'on goûte surtout près des cours d'eau où de petites brises se forment entre le lit frais et les rives brûlées par le soleil de la journée. Mon personnel ordinaire de chasse dormait à côté, près des feux demi-éteints, sous la pâle lueur d'un petit croissant se dessinant à peine au milieu du scintillement des belles étoiles d'un ciel plein de bleu et de pureté. Tout ce joli monde d'en haut se mirait complaisamment dans la nappe limpide du Backoy que troublaient seulement, de temps à autre, quelques rides concentriques produites par les bonds de quelque poisson chassé par plus fort que lui dans l'éternelle lutte pour la vie, encore plus dure aux animaux et aux poissons qu'à l'homme.

Les montagnes de la rive droite se dessinaient à l'horizon avec leurs grandes calvities de roches faiblement éclairées, dans ce demi-brouillard de nuit, qui de la plaine va limant les croupes boisées pour s'arrêter à mi-hauteur, laissant en vue le sommet que la nature prive à plaisir des émanations fébrigènes comme pour donner aux blancs un refuge naturel contre les microbes de la plaine qui désolent l'existence et ébranlent — si non plus — les constitutions les plus solides.

Pas un souffle aux cimes grises des arbres.

Tout à coup des rugissements éloignés se font entendre répercutés par des échos nombreux. C'est le lion qui s'avance dans la plaine ! Il vient sans doute, sa chasse finie, se désaltérer à la rivière. Plus de doute, il arrive : les rugissements, à intervalles de quelques minutes, deviennent de plus en plus distincts et puissants.

Ah! voilà deux tons bien différents! Il y a deux lions : Madame et Monsieur sans doute. Bébé doit être resté dans le repaire; peut-être travaille-t-il ailleurs pour son propre compte.

Mes hommes s'étaient réveillés comme par enchantement, sans mot dire, sans un souffle. Le lion, seul, est capable de produire un pareil résultat. Ils s'étaient assis sur leur séant, l'œil fixé à la rive d'où venait la nocturne musique. Sadio, qui était un homme d'expérience et de haute science vis-à-vis de ses camarades, formait sur le sable, avec son pouce, quelques caractères cabalistiques en marmottant la prière du lion, bien convaincu d'arriver ainsi à éloigner le danger et à rompre le charme.

En fait de danger il n'y en avait point; car il n'était guère à présumer que les lions traversassent le Backoy à la nage, à défaut de gué en cet endroit.

Rompre le charme! c'est autre chose, puisque ce moyen lui avait toujours réussi.

Et les autres nègres le regardaient de temps à autre en un concert silencieux d'admiration et de reconnaissance.

— Eh bien! Sadio, lui dis-je en riant, as-tu bien fait ta prière au lion, et penses-tu que nous soyons en sécurité?

— Toi, doctoro, tu ris de cela; mais c'est bon pour noirs comme nous, je t'assure.

Le couple félin buvait sans doute dans les environs, car on n'entendait plus que quelques sons bas qui sont généralement le début de cette phrase entrecoupée qui va crescendo jusqu'à l'octave pour constituer le rugissement, l'horrible mot pour désigner cette belle langue du lion, si bien comprise des animaux et des hommes, si pénétrante et si bien timbrée.

J'eus beau m'escrimer à regarder sur la rive, à observer si des herbes ou des branches venaient à bouger : rien ne remua que quelques illusions dues à la fatigue de mes yeux et peut-être aussi des insectes.

Les lions s'étant éloignés en silence, je pus gagner mon lit et m'endormir non toutefois sans avoir subi, pour la dixième fois, le récit de la lutte de Sadio avec le lion.

— Sadio était âgé de dix-huit ans *environ*, — les noirs ne savent jamais leur âge qui est la science de leurs mères; — il avait été confié, pour parfaire son éducation, à un dioula qui allait de Médine où il les avait achetés, porter du sucre, des étoffes, de la guinée, et du calicot, au pays du Canadougou, dont la capitale est

Sikasso, dans la boucle du Niger, à dix jours de marche dans l'est de Bammako. Le dioula lui avait confié particulièrement le soin de deux jolis petits ânes du Khasso, gris, à grande croix blanche dans le dos, deux dignes et dociles baudets qu'il devait exciter quelquefois à la marche à l'aide d'une petite branche tendre et flexible. La petite caravane qui se composait encore de cinq personnes et de quelques bœufs porteurs avait déjà passé le Djoliba (Niger) après un court arrêt à Bammako où l'on avait fait quelques provisions de kolas contre plusieurs coudées de guinée. On cheminait ainsi jusqu'à midi pour repartir à une heure jusqu'au coucher du soleil. Comme les fortes chaleurs du mois de mars sont quelquefois intolérables à l'homme et surtout aux bêtes, on dut bientôt prendre sur les nuits le temps perdu le jour aux heures chaudes; et l'on se mettait en marche vers trois heures du matin avec la lune qui éclairait tant bien que mal. L'amour du lucre est si développé chez le dioula!

Par une belle nuit on mit donc en route les hommes et les animaux pliant sous les lourdes charges. Les deux gentils ânes suivaient péniblement la colonne en vrais traînards, malgré horions et chiquenaudes. Arrivés à un petit défilé de roches où les animaux grimpaient péniblement, un jeune lion à l'affût se précipite sur Sadio qu'il renverse en lui labourant la tête d'une griffe puissante. Pendant un violent bras-le-corps, Sadio, avec le sang-froid qui le caractérise, plonge son poignard au cœur du lion, qui roule inanimé à son côté.

Les gens de la caravane, arrivés aux cris, assistèrent à la fin de ce drame en s'appuyant des deux mains aux arbres... prêts à grimper.

Le fait est véridique. Sadio porte en effet à la tête de vieilles cicatrices dues à la griffe du lionceau.

— Tu n'auras plus de kolas si tu me la répètes encore, lui dis-je en m'endormant.

Le matin à l'aube je me dirige vers le massif de Kalé, où les pintades battaient déjà le rappel sur les arbres, comme de braves oiseaux qui ont bien dormi.

Cette région étant fort giboyeuse, j'avais pris soin de faire emporter un sac de riz vide pour servir de réceptacle au gibier qui donnerait selon toute probabilité.

Il fallait arriver sous les grands perchoirs avant que le soleil eût invité les oiseaux à prendre leur essor vers les terres caillouteuses où se trouvent des graminées sauvages aux graines sèches et savoureuses.

Le rappel intermittent m'était un guide sûr, me permettant de me diriger par le plus court chemin, — qui n'est pas toujours la ligne droite au Soudan, — vers les grands arbres où les pintades s'entretenaient de leurs rêves de la nuit. Après m'être tourné les pieds sur des roches, être tombé trois fois sur les genoux et deux de tout mon corps, j'arrivai sur un petit plateau presque nu, semé de nombreuses termitières qui semblaient d'énormes champignons plantés sur un champ de petits cailloux ferrugineux gris; là, je me dirigeai vers une touffe de bois couronnée d'un grand caïlcédra que les premiers rayons du soleil éclairaient à peine. L'arbre était devenu silencieux. Adieu les contes et le gentil papotage! J'étais éventé. Mais comme les pintades ont besoin, pour s'envoler, de quelques rayons de soleil afin de remonter leur paresse, rien ne bougea. Les rayons du soleil levant sont à leurs ailes grises ce que l'huile est aux articulations d'une machine.

A travers les feuilles touffues, sous quelques rayons de soleil indiscrets, je pus constater certains gros points noirs se détachant mal, qui étaient les oiseaux recherchés.

Je fis feu : deux tombèrent et un troisième aussi que je servis dans une lourde et difficile envolée. Biskiti mit les trois victimes dans le sac de riz qu'il passa à Sadio sous le fallacieux prétexte que je l'avais chargé de me passer les cartouches que je portais à ma ceinture.

Une nuée de pintades s'éleva du bois en poussant de grands piaulements et se dirigea, rasant le sol, à l'est où je les suivis.

— A la remise! me dis-je en moi-même, et je me dirigeai dans leur direction.

Je les surpris bientôt en train de picorer au sable et aux graines; elles piétinaient devant moi à travers les herbes sèches, en fuite, mais sans se presser, groupées à plus de cinquante.

Une idée de massacre me prit; tant l'homme soi-disant civilisé est barbare! Dès que la compagnie fut bien rassemblée sur une piste où elle marchait en plusieurs rangs, les têtes rouges s'élevant sur elle comme des coquelicots, deux coups de feu tirés subitement renversèrent mortes sur le sol cinq pintades dont Biskiti ramassa les corps encore convulsés. Deux étaient décapitées.

Le sac reçut le nouveau contingent, fort lourd, si j'en juge par la démarche chancelante de Sadio que je dus faire aider en mettant le gibier sur une perche que les deux hommes portèrent.

Comme il était à peine huit heures je continuai ma chasse.

5.

En arrivant près d'une clairière dans les hautes herbes, j'aperçus une jolie panthère qui me regardait en me prêtant le flanc. L'animal étonné ne bougea pas. Le temps de changer mes cartouches, et je lui envoyai à vingt-cinq mètres une balle explosible qui frappa au défaut de l'épaule. L'animal fit un bond extraordinaire et tomba mort à quelques pas. Comme moi, je crois, la panthère chassait les pintades.

On se mit à la dépouiller pendant que je me reposais à l'ombre avant de regagner mon campement.

Les panthères sont fort communes; elles attaquent rarement l'homme, car leur nature est craintive et timide. Les peaux peuvent être l'objet d'un petit commerce.

En rentrant par la vieille route, de Badoumbé, qui longe le Backoy et passe au défilé, de Kalé, où l'on a d'un côté la berge à pic et de l'autre la roche de la montagne, je me rappelai agréablement une vieille histoire qui se passa en 1881 dans ces parages.

En ralliant la colonne à Kita, je fus chargé de conduire un détachement de deux cents Chinois et Annamites, maçons, charpentiers et ouvriers d'art, qui effrayaient beaucoup les indigènes avec leurs yeux en coulisse, leur peau jaune et leurs longues queues de cheveux dans le dos. Les noirs n'en revenaient pas de la vue de ces hommes fantastiques. Des blancs! passe encore; ils en voyaient depuis un an; mais des hommes à queue dans le dos et chantant pour tenir conversation, cela dépassait les forces de leurs maigres cervelles.

Des ânes de Médine portaient le bagage de ces dignes fils du ciel et les vivres. Comme les Chinois étaient fort paresseux à la marche et que souvent, pour les mieux entraîner, je dus faire courir le bruit vague d'une attaque probable — ce qui réussissait toujours — je faisais porter les traînards par les ânes haut-le-pied. Un gros Chinois bien gras et bien joufflu s'établit de son mieux sur un petit baudet fort alerte et guilleret qui, tout le long du chemin, allait broutant quelques brins d'herbe et se frottant aux branches pour chasser les mouches incommodes.

L'âne se laissa faire tout en regardant son vivant bagage d'un œil qui ne disait rien autre que le maigre plaisir de se charger de ce lourd fardeau; en animal sensé qu'il était, il s'aperçut bien vite que le poids réglementaire de cinquante kilos était dépassé de près du double, contrairement à tous les usages et règlements. Aussi, après quelques bonnes ruades qui ébranlèrent un peu le cavalier, il prit, sur la route, un temps de trot fort accéléré. Le Chinois se maintenait de son mieux en serrant ses jambes courtes et en s'appuyant avec les deux mains. Néanmoins il glissait en arrière aux ruades; il était déjà sur les fesses de l'âne d'où il glissa délicatement sur une roche.

Vous croyez peut-être que le baudet débarrassé continua sa course? — Pas du tout. Cet animal, — si intelligent malgré le proverbe qui a été fait par des observateurs superficiels — au lieu de s'en aller, s'arrêta net au glissement final pour appliquer sur les joues du cavalier deux jolies taloches qu'il lui servit de ses deux sabots de derrière.

Le Chinois en resta ahuri. Et l'âne de détaler dans la brousse, guilleret et léger.

Ayant vu que l'homme avait plus d'émotion que de mal, je fus pris d'un fou rire qui dura longtemps.

La vue de cette roche me rappela cette vieille aventure digne d'être contée à l'honneur de l'intelligence de l'âne.

Dès mon arrivée au camp, j'eus la visite de deux Mallinkès qui conduisaient deux vaches. Ils se lamentèrent auprès de moi sur l'épizootie dernière qui, de l'est à l'ouest, du Nil à St-Louis, faucha les troupeaux de bœufs qui existaient au Soudan et ailleurs. Le Fouta-Diallon d'où ils venaient de faire ces achats contre captifs avait eu ses troupeaux respectés par la peste bovine qui s'était arrêtée à ses montagnes. Les troupeaux se reforment, mais il faudra de nombreuses années avant de les voir reconstitués comme avant.

Un de ces deux hommes était, dans ses moments perdus, chasseur d'éléphants et d'hippopotames — de ces derniers surtout, car les éléphants n'abondent pas au Soudan. On n'en trouve guère que sur la Falémé, le Baffing, le Baoulé et à l'est, au sud du Canadougou.

La chasse à l'éléphant est possible, facile même, mais non l'exploitation commerciale de l'ivoire.

Le lendemain, en me rendant au village de Ouahlia, je fus obligé de m'arrêter en chemin, sous la pluie torrentielle de la première tornade de l'hivernage, hommes et chevaux ne pouvant plus marcher. Dès que la trombe de vent fut passée, voyant que la pluie continuait et qu'elle allait durer longtemps si j'en jugeais à la noirceur des nuages qui couraient au ciel, je fis dresser ma tente afin de prendre dans ma cantine du linge sec, car j'étais trempé jusqu'aux moelles. Après deux heures de séjour, les pieds dans l'eau, je me remis en route pour gagner le village. Le sol était tellement défoncé, la route si avariée et les marigots, secs le matin, si torrentueux que je ne pus avancer que très lentement.

En route je croisai un convoi de deux cents voitures en fer qui se dirigeaient vers Bafoulabé, retour du Niger où elles avaient fait une bonne partie des charrois de vivres pendant toute la saison sèche. Les roues enfonçaient jusqu'aux essieux aux passages des rampes pratiquées sur les berges des marigots ; les muletiers hurlaient après les mulets harassés et amaigris, n'en pouvant plus. On dut passer les voitures les unes après les autres en y attelant deux ou trois mulets ; et les roues pénétraient profondément dans le sol détrempé, sous la poussée des noirs.

Quel travail et quelle gêne, à cause de cette malencontreuse tornade, pour ces voitures qui quelques heures auparavant roulaient facilement derrière leurs mulets, l'animal derrière son conducteur qui allait, le bridon à la main, à travers la route poudreuse d'où s'élevait une poussière aveuglante, au milieu d'un sourd roulement qu'on entend à plus de deux lieues!

Quelques outardes passant sur ma tête, je pus en démonter une qui me fit un excellent rôti pour mon déjeuner.

A cinq cents mètres environ du village, je fus fort intrigué en apercevant, non loin du chemin, une nuée d'indigènes groupés autour de quelque objet que je ne pouvais distinguer derrière le rideau humain.

L'animation était grande et des conversations vives et animées témoignaient d'une grande gaîté.

M'étant approché, je m'aperçus que ces braves gens déchiquetaient avec leurs couteaux un vieux mulet étique, mort au champ de bataille; ils en cuisaient les lambeaux en les passant pendant quelques instants sur des charbons ardents avant de les avaler avec la satisfaction de gourmets mangeant des huîtres.

Les indigènes sont très friands de la viande des animaux morts depuis quelque temps, tels que chevaux, mulets et ânes.

Et je m'éloignai, avec dégoût, de ces Mallinkés, grands mangeurs de choses immondes.

CHAPITRE V.

CHASSE AUX HIPPOPOTAMES.

Mœurs de l'hippopotame.—La légende.—L'hippopotame de Fangalla et la côtelette. — Billy. — Pigeons sauvages. — Couché sur une sente. — Chasse des noirs. — Chasse du gué de Toukolo. — Curée aux torches.

La chasse à l'hippopotame est une des plus belles qu'il soit donné de faire au Soudan.

Les mœurs et coutumes de ce grand pachyderme sont encore loin d'être bien étudiées. Connu dès la plus haute antiquité, mentionné dans les livres saints, on trouve la figure de l'hippopotame gravée sur les pyramides d'Égypte et les médailles de Rome. Pline l'a mal connu en lui faisant *vomir le feu par les narines* et en faisant vivre *à l'embouchure des fleuves* ce *cheval de rivière*. Propre à l'Afrique, l'hippopotame se borne à vomir de l'eau pulvérisée et il affectionne tout particulièrement les rivières et les fleuves, loin de la mer et jusqu'aux sources. Amphibie, il hante les rives soumises à un débordement annuel qui lui fournissent l'herbe tendre dont il fait sa nourriture habituelle et une étendue propre à ses ébats : le jour dans l'eau, la nuit à terre; le jour, le repos et le sommeil sur les sables mous et finement caillouteux du lit du fleuve; la nuit, les pénibles ascensions sur les berges, les lourdes chevauchées, les hennissements sonores et profonds et le charme de se vautrer dans les hautes herbes moites de rosée, sur un sol presque sec où les pieds puissants se marquent en empreintes profondes et larges. Quel charme particulier dans la nuit, parmi les grandes solitudes soudanaises, ont ses rappels répétés et tonitruants! Entend-il un bruit insolite, vite il s'apprête à regagner son eau profonde; défiant et timide, malgré sa grande taille et une force exceptionnelle, il pousse, aux approches du danger, un petit cri destiné à sa femelle ou à son petit qu'il entoure de soins et d'affection, en bon père de famille qu'il est. Bien que doué d'un naturel doux d'ordinaire, il devient parfois terrible et dangereux si on vient le troubler dans ses habitudes ou toucher à sa famille. Alors son petit œil devient subitement fort vif, irrité et rouge de sang; ses narines vomissent violemment de l'eau avec un bruit intense; il s'élance sur son ennemi, le soulève, le mord, le pile et l'écrase en l'enlisant.

L'hippopotame ne dispose de toute sa puissance que lorsqu'il se trouve dans l'eau, son véritable élément; là, il est agile, prompt à plonger ou à remonter à la surface, à marcher sur le fond ou entre deux eaux, à attaquer ou à battre en retraite pour revenir à la charge, quelques instants après, avec une nouvelle furie et plus de haine. Il rend dangereuse et quelquefois impossible la navigation des pirogues et des petites embarcations sur le Niger et ses affluents. Ses attaques sont rares sur les rivières dont le lit est étendu et l'eau profonde, mais elles sont fréquentes sur les cours d'eau rétrécis ou il barre souvent une route que l'on doit s'ouvrir par la force si on ne veut pas s'exposer à voir l'embarcation chavirée, broyée et se sentir soi-même serré entre ses énormes défenses, ou aplati et enlisé sous ses pieds puissants.

L'hippopotame est très commun dans le haut Sénégal, sur le Backoy et le Baffing; dans le Niger, sur ses gros affluents, le Milo et le Sangarani jusque vers les sources. Si la masse de cet animal permet, en le tirant, de le toucher toujours à coup sûr, on doit reconnaître que son épaisse cuirasse de peau le protège contre les armes ayant une petite puissance de pénétration. On ne doit le chasser qu'avec des carabines rayées ou des fusils munis de balles explosibles à pointe d'acier. Ce roi des fleuves de l'Afrique, de naturel assez doux, devient terrible lorsqu'on touche à ses petits, et il en rend la capture rare et difficile. Ce n'est pas que les noirs et les Européens n'apportent beaucoup de soins à les prendre vivants en raison des prix fort élevés qu'en offrent les divers jardins zoologiques du monde.

On raconte certains épisodes de chasse aux jeunes hippopotames qui touchent à la légende. On cite des villages possédant de *vieilles femmes à l'hippopotame,* faiseuses de gris-gris à l'usage des lapetots et des saumonos, gens aussi solides travailleurs que simples d'esprit; ceux-ci y ajoutent foi entière; et tout débutant dans cette carrière d'écumeur des fleuves ne se fait pas faute de s'arrêter au village indiqué pour y visiter la sorcière qui lui donne, contre deniers, le fétiche tant désiré.

Ces vieilles racontent la légende de certains hippopotames du fleuve qu'elles désignent par le nom du lieu où ils ont coutume de vivre.

M'étant arrêté un soir au village de Dougouni, ma chasse terminée, je me fis amener Fatouma pour la faire causer de ces choses, histoire de me distraire un brin. La vieille connaissant mon désir, parut très flattée de mon appel, dans l'espérance sans doute de trouver un placement rémunérateur pour un gris-gris.

Après m'avoir salué par une sorte de génuflexion, selon l'usage, elle m'embrassa la main que je lui tendais pour la faire asseoir à l'extrémité de la natte qui me servait de siège. La pleine lune éclairait un superbe ciel de la saison sèche. Dans le village un tam-tam éloigné et un dialogue puissant entre chiens et hyène se faisaient entendre.

— Fatouma, dis-je à la vieille, conte-moi l'histoire de l'hippopotame de Dougouni?

La sorcière, qui avait des mèches de cheveux blancs tressées et plaquées aux tempes à force de beurre de galam, ouvrit toute grande sa bouche où se montraient trois dents déchaussées; et, après avoir croisé ses deux pieds porteurs d'anneaux d'argent aux gros orteils, ajusté sur ses jambes le fond frangé d'un vieux pagne de couleur douteuse et étendu le long de son buste ridé et sur les cuisses deux longs bras amaigris limitant des mamelles desséchées et un ventre en bateau, elle dit :

— Toubabo, je suis Fatouma; les hippopotames sont mes parents et j'obtiens d'eux tout ce que je leur demande.

— Oui, c'est bien ! je connais ta puissance; mais arrive au fait, lui dis-je, pour l'arrêter dans ces digressions fastidieuses qui émaillent toujours les discours des indigènes.

— Les toubabo sont toujours pressés ; nous — les noirs — nous sommes plus longs que vous à conter, dit-elle.

— C'est juste ! Parle comme tu l'entendras; et en disant cela je m'étendis sur ma natte, le bras gauche en oreiller.

Elle continua :

— Je vais te dire l'histoire de mon parent l'hippopotame de Dougouni.

Un jour, Moussa et Samba Laobé, deux saumonos de Ségou, s'arrêtèrent ici sans vouloir prendre un de mes gris-gris. Comme ils revenaient de Mopti avec un petit chargement de riz, ils mouillèrent pendant la nuit à côté d'une petite île que forme le Djoliba. Là se trouvait mon parent qui venait d'avoir un petit. Moussa et Samba Laboé en allant ramasser du bois sec pour faire du feu trouvèrent le petit qui venait de naître. Ils le prirent dans leurs bras et le portèrent vers leur grande pirogue dans l'espoir de le manger avec leurs quatre femmes, dès leur retour à Ségou.

Le père s'étant aperçu de la disparition de son enfant se mit à pleurer si fort que les larmes l'aveuglaient ; il errait dans la nuit faisant dans sa douleur — et Fatouma fit mine d'essuyer une larme — un fracas et un bruit épouvantables. Après avoir visité le fond du fleuve et toute l'île, après de vains appels, il vint par hasard du côté de la pirogue rangée contre une haute berge. Le petit appela son parent pendant que les deux lapetots dormaient profondément comme de braves gens qui ont fait salam.

Alors l'hippopotame de Dougouni se laissa tomber sur la pirogue qu'il écrasa et coula ; et il brisa les reins à Moussa et à Samba Laobé qu'il ensevelit dans la vase du Djoliba. Le petit nageait à côté de son père.

Ainsi périrent les deux braves saumonos de Ségou, sans avoir revu leurs femmes qui les attendaient pour avoir du riz. J'ai dit.

Comme je m'endormais déjà, Biskiti donna quelque monnaie à Fatouma, faiseuse de gris-gris pour hippopotames, et la vieille, ayant pris congé, se dirigea vers sa case.

Les meilleurs points de mire pour tirer l'hippopotame sont l'intervalle entre les deux yeux, le cou vers les oreilles et le défaut de l'épaule. Si vous le chassez de jour, vous ne le verrez que dans l'eau, particulièrement le soir, de trois heures au coucher du soleil. C'est alors qu'il montre, à peine tiré du sommeil, sa grosse tête à la surface du fleuve; il vient respirer un peu d'air et pousser quelques hennissements comme pour s'exercer déjà aux ébats de la nuit qui va venir. Il n'y a pas de temps à perdre si vous voulez le tirer, car ses apparitions sont fort courtes et le bout de son museau, que vous voyez à peine, ne tardera pas à disparaître en un lent mouvement de plongeon.

Les Mallinkés et les Bambaras le nomment *mali*. Cet animal comme tous ceux de quelque importance, est apparenté avec les grandes familles du pays qui vous le déclarent avec beaucoup de respect pour l'ancêtre. Un de mes hommes, Sadio, était justement parent du mali et il se serait bien gardé de déranger un membre de sa famille, surtout de lui envoyer une balle, dans la crainte de représailles.

Mali est mon parent, me disait-il un jour; jamais il ne me fera de mal.

Comme je me trouvais campé à côté du village de Fangalla, près de Badoumbé, et que les hippopotames abondent dans ces parages où le Backoy forme une grande île, je me décidai à les chasser.

— Surtout, doctoro, me disait Sadio, ne tire pas sur mon parent; ça n'est pas bon.

Il se trouvait heureusement que parmi mes gens il était le seul dans une telle parenté; en effet, Biskiti était proche du caïman, Namouké et Amady du lion et Silla de la gueuletapée. Comme mes quarante porteurs ne comprenaient pas un mot de français, je me préoccupai fort peu de leur opinion sur le sujet qui inquiétait tant mon ami Sadio.

Après avoir fait préparer ma carabine, je me dirigeai, suivi de Biskiti, qui s'en moquait comme de son premier boubou, vers un grand arbre situé au bord du Backoy, où je pouvais me cacher et attendre une apparition propice. Il était quatre heures du soir; déjà un mali s'était fait entendre vers le milieu de la rivière où il venait humer un peu d'air.

L'attente ne fut pas longue, car bientôt un léger remous sur l'eau me laissa voir, à 40 mètres environ, par transparence, une petite tache noirâtre signalant l'animal qui ne vint pas complètement à la surface : j'étais sans doute éventé. Après avoir mis en joue pour bien repérer le point où il s'était déjà montré, j'attendis debout et masqué par le tronc de l'arbre. Biskiti était derrière. Pendant dix minutes rien ne se montra, et ma patience se lassant déjà, j'allais dire des sottises à mon garçon qui me regardait en tenant au bout de ses longs doigts une deuxième cartouche, en cas de besoin. Enfin un gémissement se fit entendre du côté de l'eau et je pus constater, pour la seconde fois, un petit remous indiquant une courte apparition du rusé compère, venu pour se rendre compte de ma présence par la vue et peut-être aussi par l'odorat, dernier sens que je n'avais pas à redouter, puisque je me trouvais placé *sous le vent* — la brise du nord-est régnant à cette époque de l'année.

Je mets en joue sur la rivière et, le doigt sur la détente, j'attends encore. Au bout de quelques instants l'amphibie reparaît, face à mon arbre, marquant sa présence en une lente ascension dans sa défiance; puis, une légère tache brune peu à peu se dessine et me permet enfin de voir sa tête noire. Pendant qu'il souffle, le coup part et le trou de la balle dans l'eau montre que la tête qui se retire est atteinte. Après un court plongeon, il revient encore plus près de moi, l'œil grand ouvert et irrité, la bouche lançant de l'eau sanguinolente. Une seconde balle est tirée sur la tête soulevée et le mali disparaît pour ne plus se montrer.

Biskiti, sans mot dire, découvrait en riant ses dents blanches avec l'expression d'une personne qui pense : ça y est!

— Eh bien! lui dis-je; tu ne vas pas le chercher?

— Non, doctoro, je suis trop petit; mais demain tu le trouveras au barrage de Badoumbé.

En effet, ce pronostic se trouva confirmé. L'hippopotame, mortellement atteint, n'avait pu ni remonter sur l'eau ni gagner la rive, et le courant, pendant la nuit, l'avait porté vers le barrage où les roches avaient arrêté le corps inerte et flottant du malheureux. Le sergent du poste y trouva d'abondantes rations de viande pour les porteurs indigènes très friands de cette nourriture.

J'eus la curiosité de goûter à cette chair et Namouké reçut mission de m'en préparer une côtelette que je ne pus manger malgré une bonne volonté manifeste.

Par encombrement, je dus laisser les défenses, car j'avais à peine le nombre de porteurs suffisant pour faire suivre mon bagage.

Le lendemain matin je campai à Billy où le Backoy se précipite en une chute semblable, en petit, à celle de Gouina, qui est la chute de l'ensemble du fleuve. Mon campement était établi à un mille en amont, sur la rive gauche, dans un lieu boisé où les hautes herbes d'hivernage, brûlées quelque temps avant, laissaient apparaître un regain d'une verdeur intense qui plaisait fort à mes chevaux. Dans l'après-midi je me rendis à Billy et je pus m'installer au faîte des rochers, sur la chute elle-même, aujourd'hui moins puissante par la baisse des eaux. La rivière laissait échapper son contenu par plusieurs fissures profondes en faisant un vacarme épouvantable; la belle nappe transparente glissait sur des roches à plan incliné, sous les rayons obliques d'un beau soleil couchant, vers une première bordure de rochers. A travers la mousse et la buée, la colonne se divise encore, suit de nouvelles crevasses pour retomber sur un bassin inférieur en gros bouillons qui vont s'aplatissant et se calmant. Malgré les feux du soleil, la fraîcheur de l'air est grande comme sous le balancement d'un colossal panka. Les pigeons sauvages habitent ces lieux où ils aiment à folâtrer à travers le nuage de vapeur qui s'élève; dans ce repaire rien à redouter de la part des rats et des serpents, leurs ennemis. Ils vont et viennent, entrent et sortent de leurs trous, sous mes yeux et à mon nez, sans témoigner le moindre effroi. Après avoir contemplé quelque temps ce grand spectacle de la nature et avoir savouré la fraîcheur de ce lieu je dus chercher, me trouvant réduit à l'éternel gigot de mouton, à modifier la carte de mon dîner : les pigeons me tendaient leurs ailes. Comme je ne pouvais pas les tirer du haut des chutes sans les perdre, j'attendis l'arrivée de ceux qui revenaient, tardifs et lourds, de la maraude dans les lougans; et sur la rive deux cartouches me donnèrent deux pigeons bien dodus et bien gras que Biskiti se mit à plumer en regagnant le campement signalé bientôt par les feux allumés. Les chevaux attachés aux arbres dévoraient une herbe tendre pendant que les porteurs, groupés par six autour de grands feux faits de grosses branches sèches, regardaient cuire le riz et le mouton dans des marmites de campement, en devisant. A dix mètres du fleuve, ma tente; à côté, la cuisine qui était aussi le feu de mes domestiques. Namouké, assis sur sa petite cantine, présidait l'assemblée de ces hommes aux faces noires accroupis sur leurs talons, les longs bras étendus, les mains pendantes sur le genou, la tête au foyer, silencieux.

Les nuits n'étant pas encore très fraîches, je donnai l'ordre à Biskiti de me faire un lit de paille en dehors de ma tente, dans une petite dépression de terrain légèrement incliné vers la rivière, ce qu'il fit de son mieux.

— A-t-on entendu des hippopotames? dis-je à la ronde.

— Non, doctoro, répliqua Namouké; il ne doit pas y en avoir par ici.

— En effet, le calme le plus parfait régnait sur la rivière. J'étais encore peu expert des habitudes de ces animaux et, l'obscurité aidant, ni Biskiti ni personne ne se doutait que l'on venait de faire mon lit dans une vieille sente de *mali*.

— Mon parent n'habite pas ici, me dit Sadio en me servant le potage au mouton.

Tant mieux! répondis-je; je suis bien fatigué et je pourrai dormir en paix, cette nuit.

— Bissimilahy! — s'il plaît à Dieu! — et il servit le salmis de mes deux pigeons que je goûtai avec appétit pendant que Namouké debout, les bras pendant et la bouche ouverte, me regardait, selon son habitude, afin de juger par lui-même, d'après ma figure et mon appétit, si son plat était réussi.

M'étant aperçu de cela :

— Très bon, Namouké; je t'autorise à fumer ce soir une pipe de mon tabac, lui dis-je en riant.

Le bon noir se faisait une fête lorsque, dans sa petite pipe en fer martelé, munie d'un fourneau de la grosseur d'un dé et d'un tuyau de même calibre cerclé aux deux extrémités d'un petit anneau d'argent, il pouvait fumer mon scaferlati qu'il préférait de beaucoup aux petites feuilles de tabac indigène, desséchées sur les tisons.

Et aussitôt de conter aux autres ses histoires de salmis de canard, d'oies sauvages et de tourterelles tout en faisant ses boulettes de riz dans la grande calebasse où ils mangeaient tous les cinq, accroupis sur les talons, le bras gauche collé à la cuisse du même côté et le droit — le seul qui touche aux aliments — barbottant à travers le riz délayé dans une sauce jaune d'arachides. Sitôt que la boulette était adhérente et bien arrondie, en un mouvement rapide, elle était portée vers la bouche ouverte où elle disparaissait; un coup de langue sur le creux de la main, sur les doigts ensuite, et l'on recommençait.

Biskiti la bouche pleine, riait au récit du cuisinier qui, sa boulette en main, l'œil arrondi, terminait sa phrase en savourant l'agréable impression qu'éprouve un orateur maître de son auditoire.

Le riz terminé, tous puisent dans une deuxième calebasse plus petite où se trouve le mouton bouilli, découpé en cinq parts égales que chacun avale en rongeant l'os de son mieux.

Enfin un porteur passe à la ronde un grand récipient plein d'eau où l'on boit après avoir pris garde, à la lueur du foyer, que les impuretés de la surface ne viennent pas du côté de la bouche.

Le repas est terminé. Les conversations cessent. Les porteurs ont retiré leur boubou et reposent leurs épaules sur quelques feuilles vertes, le thorax nu; un pantalon à coulisse, en guenilles, leur tombe à mi-cuisse.

Après avoir visité le campement et bien recommandé de tenir les feux allumés pour éloigner les lions et les panthères qui abondent dans la région je m'étends sur mon lit de paille, la tête haute, les pieds vers la rivière. Bien enveloppé dans mon burnous et dans une couverture de laine, je m'endors profondément.

Mais il était dit qu'il m'arriverait, cette nuit même que je comptais passer si calme, une aventure extraordinaire d'où je ne sortis sain et sauf que grâce au bon naturel de son auteur.

J'étais en train de faire un beau rêve de chasse lorsque je suis tiré de mon sommeil par un henissement épouvantable, des cris nombreux et les piaffements des chevaux se cabrant à l'attache. M'étant assis en sursaut sur mon lit j'aperçois, à la pâle lueur de tisons que l'on remue, une immense chose noire faisant grand bruit et que je reconnais être un gros hippopotame encore plus surpris et plus effaré que moi. L'animal arrivé à mes pieds, sur l'extrémité de la paille de ma couche et sa tête à hauteur de ma poitrine, se retournait lourdement du côté de la rivière d'où il venait ; par sa vieille piste où j'étais étendu par mégarde, il allait paître l'herbe tendre et là, sans m'avoir aperçu, les feux étant éteints comme cela arrive toujours malgré les recommandations, il s'était arrêté en hennissant devant mon corps qui constituait une marche difficile à franchir. Un pas de plus et ses pieds sur le ventre m'écrasaient sans merci ; à mon cri de surprise et devant tout le remue-ménage du camp il revenait enfin sur ses pas. En m'assayant, j'avais pris ma carabine qui se trouvait toujours, la nuit, à portée de ma main, et, à moins de deux mètres, je fis feu sur le pachyderme qui laissa tomber sa lourde masse dans la rivière où il disparut.

Je venais de l'échapper belle. Inutile de dire que je rentrai dans ma tente me promettant bien, lorsque je camperais dans le voisinage des fleuves et des rivières, de mieux étudier le terrain et de m'éloigner des sentes d'hippopotame, à moins d'avoir des factionnaires ne dormant pas la nuit — chose fort rare — et prenant le soin d'entretenir ces feux flambants qui éloignent les animaux. Je ne conseillerai jamais à personne de dormir en dehors de sa tente.

L'hippopotame trace sur les rives des voies à plan très incliné, des rampes d'accès pour gagner ses pâturages, sans jamais bien s'éloigner de l'eau. Là, se réunissent les voisins pour manger et se divertir. Pour revenir au fleuve, ils ne suivent jamais le chemin de sortie; ils se bornent à se rendre sur les bords et à se laisser aller dans l'eau, par glissement sur les berges raides où l'on voit les empreintes. A la sortie, c'est autre chose; l'animal monte pas à pas, péniblement, laissant dégoutter l'eau de ses flancs, marquant dans la vase ou la terre détrempée de profondes empreintes jusqu'en haut. Il aime aussi sortir et gagner la campagne par la voie des petits marigots où l'herbe est haute et tendre et la montée plus douce. Je me suis amusé souvent à suivre aux traces leurs pérégrinations nocturnes jusqu'à la glissade finale dans le fleuve où ils produisent un grand bruit de chute qu'on entend souvent dans la nuit. Les indigènes les chassent autant pour tirer de leur corps la subsistance que pour se procurer quelques petits bénéfices par la vente de la tête et des défenses.

C'est quelquefois un noir dont ils ravagent les lougans, qui les tue. Ils produisent, en effet, des dégâts notables dans les plantations de mil, d'arachides, de tabac et de divers légumes que les indigènes ont coutume de faire sur les rives et les berges à pente douce, en piétinant à travers. Alors le propriétaire lésé met dans son vieux fusil à pierre une bonne charge de cette poudre médiocre qu'il fabrique, une bourre de feuilles sèches et là-dessus trois ou quatre morceaux de pieds de marmite en fonte; la charge s'étend bien sur vingt centimètres au fond du canon. Dès que les bons gris-gris sont noués à la culasse et fixés autour du cou il se dirige, à l'entrée de la nuit, vers le lougan où il s'embusque à quelques mètres de la piste; et, à la lueur des étoiles, il attend le maraudeur. Le mali ne vient pas toujours, car il est assez volage de sa nature; il ne fréquente pas bien longtemps le même pâturage. Enfin un bruit d'eau qui dégoutte signale bientôt — s'il n'a déjà henni — qu'il est en route. Le voilà qui pointe au coude de la piste; sa masse noire se dessine peu à peu; il marche lourdement comme quelqu'un de las; il s'arrête dans le but de se reposer ou d'écouter si un bruit insolite n'arrive pas à son oreille; il monte, il arrive, il n'est plus qu'à un mètre du canon braqué sur sa tête, vers le front. Pour le chasseur nul danger, tant l'ascension est lente. Voulût-il charger en l'apercevant qu'il ne le pourrait pas, car la plus petite éminence un peu brusque lui est un obstacle infranchissable. Un coup de feu à bout portant arrête le mali qui, le front troué, tombe sur les genoux et s'abat en poussant un fort cri plaintif. Quelques secousses convulsives des membres signalent l'agonie. Si le fusil rate — ce qui n'est pas rare — l'animal se retourne vers l'eau où il se laisse aller avec un grand bruit; il ne reviendra plus de ce côté et s'y fera remplacer par un camarade.

Le lendemain étant arrivé à Toukolo, je dus passer à gué la rivière pour camper sur la rive droite.

Le Backoy forme une île sur un point facilement guéable pendant la saison sèche : on a de l'eau jusqu'à la ceinture. Il est dangereux de traverser à cheval parce que le courant y est très fort et que les roches du fond, plates et couchées sous diverses inclinaisons, y sont rendues très glissantes par la présence d'une fine végétation de mousses adhérentes. Le mieux, c'est de mettre pied à terre, de ne garder que son casque pour tout vêtement, de s'armer d'un grand bâton et de s'aventurer lentement. Si l'on a les pieds nus — ce qui est préférable — on s'expose bien à perdre quelque bout d'ongle, mais on finit toujours par gagner le chemin sablonneux de l'île ; et l'on traverse enfin, dans les mêmes conditions, le deuxième bras qui est plus étroit. En arrivant sur la berge, on prend un bain, et tout est dit.

Mes hommes ayant traversé, boubou et pantalon sur la tête sous les bagages, je fis dresser le campement sous les grands arbres de la rive droite. La nuit approchait. Déjà les hippopotames, qui infestent ce point de la rivière, commençaient à se livrer à un grand vacarme. Accompagné d'un porteur nommé Siré et de Biskiti je fus examiner les pistes et le terrain. Le grand bambara que l'on venait de me signaler comme chasseur de mali me recommanda une sente près de laquelle se trouvait un épais buisson fort propice à l'embuscade, et je regagnai le camp jusqu'au lever de la lune.

Vers huit heures, muni de ma carabine à balle explosible et accompagné de mes deux hommes armés chacun d'un fusil, je me rendis au poste d'embuscade désigné. Notre venue fut signalée par plusieurs hennissements et la chute lourde de quelques corps dans la rivière. Et cachés de notre mieux dans le buisson, accroupis et bien à couvert, nous attendîmes en silence. La lune répandait une douce clarté permettant de bien explorer les environs et de distinguer tout mouvement à plus de trois cents mètres. Sur la piste que j'observais tout particulièrement, rien.

Au bout de quelques instants des hennissements se font entendre; peu à peu ils deviennent plus nombreux et témoignent de la sécurité absolue dans laquelle croient se trouver les pachydermes.

A deux cents pas, à droite et parallèlement à ma piste, deux énormes malis sortent lourdement de l'eau, s'arrêtent, semblent se faire des politesses et dire : — « Après vous, Monsieur » ; — « Je vous en prie, Madame » ; enfin les voilà, sans faire la fameuse sortie de Basile et de Figaro, s'avançant, l'un suivant l'autre, sur la rampe d'accès; ils gagnent la berge où, côte à côte, ils broutent l'herbe non sans s'adresser de temps à autre de ces bruyantes conversations dont ils sont coutumiers. J'étais ravi de pouvoir ainsi les observer à mon aise, de très près, libres; mais j'éprouvais une vive démangeaison de les saluer d'une décharge générale. — A quoi cela eût-il abouti, après tout? A pareille distance, je ne pouvais espérer ni les tuer raides ni même les blesser assez grièvement pour les empêcher de fuir dans l'eau. Je me privais aussi du plaisir que j'aurais sans doute bientôt d'en tuer un sur ma piste, à bout portant.

Les deux rôdeurs continuèrent à vaquer à leur pacage sans soupçonner notre présence; ils rangèrent de plus près la berge et firent mine de se rapprocher de nous.

Un hennissement dans la rivière, vers ma piste, me fit redoubler de surveillance dans l'espoir d'un débarquement prochain. Au bout de quelques instants un énorme hippopotame arrive en haut, montrant une belle tête garnie de défenses qui miroitaient sous la lune. Là, il s'arrête, écoute, regarde, hume. Un moment je craignis qu'il n'eût entendu un de ces mouvements presque imperceptibles et légers que font malgré eux des gens accroupis depuis longtemps et fatigués d'une attitude peu familière en ce qui me concernait. Mon fusil était braqué sur le front; mais je n'osais tirer encore voulant laisser l'animal s'approcher jusqu'à la distance d'un mètre environ.

Lorsque le mali eut interrogé bien attentivement le voisinage, après une certaine hésitation, il s'avance sur moi, pas à pas. Je suis sur des charbons. Enfin il est là, à nous toucher, et je fais feu sur le front, entre les deux yeux. Le monstre s'arrête net, penche sa tête à droite et s'abat lourdement sur le flanc en ébranlant le sol. Quel émoi à l'entour! Cinq ou six corps tombent aussitôt dans la rivière en produisant ce bruit particulier des hippopotames apeurés qui reviennent à l'eau.

Mes deux noirs sont dans la jubilation; à leurs cris plusieurs porteurs arrivent du camp en s'éclairant de torches faites d'herbe sèche.

Le mali ne bouge pas; il est mort foudroyé.

A la lumière de la lune et à la lueur des torches nous l'examinons à loisir : c'est un mâle superbe, fort vieux sans doute.

Sadio seul qui vient de perdre un des siens ne

participe pas à la joie générale. Après l'avoir touché du pied pour bien s'assurer qu'il est mort, Biskiti monte sur le ventre de l'animal où il exécute un cavalier seul non dénué de cachet pendant qu'une douzaine de porteurs frappent dans leurs mains, en cadence, pour marquer le pas.

— *Mali akabeté!* — l'hippopotame est bon à manger! — chantaient-ils à la ronde.

Ma montre marquait dix heures du soir.

— Il faut le saigner, dis-je à Biskiti; on en mangera ensuite, à volonté.

Pour comble d'infortune la tête n'était pas orientée selon les coutumes et l'on ne devait pas songer à remuer une pareille masse.

Déjà les longs couteaux que tout noir qui se respecte porte à sa ceinture, sont tirés de leurs gaines en cuir; on le saigne, les autres se mettent à tailler la peau coriace avec un mal horrible, dans une curée macabre, sous la lumière rouge des torches.

— Qu'on m'apporte deux défenses, dis-je en regagnant ma tente accompagné de Biskiti, laissant les porteurs continuer cette besogne qui dura une bonne partie de la nuit.

Dès que les premiers morceaux arrivèrent au camp on les découpa en fines languettes que l'on rôtissait légèrement sur les charbons ardents avant de les avaler gloutonnement avec fort peu de mastication et sans sel.

Et les conversations d'être vives et animées et les rires joyeux ! L'horrible curée dura jusqu'à quatre heures du matin. Il est curieux de voir ce qu'un noir engloutit de viande lorsqu'il en possède à volonté; ça n'en finit plus. En revanche, il sait mieux que nous faire abstinence sans trop se plaindre et en se serrant le creux de l'estomac au moyen d'une corde que l'on rétrécit de plus en plus chaque jour.

La quantité de viande d'hippopotame dévorée cette nuit par quarante-quatre hommes fut si grande que j'en reste encore rêveur rien qu'en y songeant à distance.

Je tolérai le vacarme si gênant pour mon sommeil, certain qu'on m'en serait reconnaissant par la bonne volonté mise, plus tard, à faire de longues étapes sans se plaindre.

Le noir, naturellement ingrat, n'éprouve un peu de reconnaissance que lorsqu'il s'agit des affaires de bouche.

Et le lendemain, comment faire ? emporter le reste du mali ? il n'y fallait pas songer. Je consentis à faire un séjour de vingt-quatre heures pour leur permettre de continuer ce festin pantagruélique. Ce qui restait fut donné à un convoi, — retour du Niger — qui en eut facilement raison. Chacun de mes hommes avait eu soin de dessécher un morceau pour le consommer en route; aussi dans les haltes de dix minutes que je faisais toutes les heures, les voyait-on mordre à belles dents dans quelque chose d'innomé, puant le karité des chevelures et couvert de fumée et de poussière: un lambeau calciné d'hippopotame.

CHAPITRE VI.

CHASSE AUX SINGES.

Variétés de singes. — Mœurs. — En maraude. — Le factionnaire. — Le gardien de lougans. — Attaque des cynocéphales. — Chasse à la calebasse. — Le singe au rapport. — Le singe au tétanos.

Les singes abondent au Soudan. Les variétés les plus communes sont le *singe bleu,* le *pleureur,* le *cynocéphale*, et le *singe noir*. Ce dernier n'existe que dans l'extrême sud-est. Les cynocéphales font le désespoir des indigènes sur les récoltes desquels ils prélèvent un énorme tribut annuel. Que d'épis de mil et de maïs, que de pistaches et de patates volés par ces éternels maraudeurs qui se complaisent si fort dans cet exercice de rapines incessantes! Éminemment sociables, ils vivent en groupes nombreux, toujours de même espèce, et la famille paraît y être organisée à la manière patriarcale des noirs. Les vieux mâles sont les chefs incontestés de ces petites républiques autocratiques mais paternelles; leur autorité absolue est respectée de tous. Les récalcitrants reçoivent force horions, claques et morsures qui les font prestement rentrer dans le devoir et l'obéissance. Lorsqu'il s'agit de partir en maraude vers un lougan, vite la colonie prend ses dispositions. Les vieillards après avoir observé la campagne de la crête des rochers où ils perchent, et s'être rendu compte de l'heure où les champs sont déserts et de la direction à suivre, détachent, à une centaine de mètres en avant, de jeunes et rusés éclaireurs qui grimperont de temps à autre sur les rochers ou sur les arbres, afin de signaler à la petite colonne la présence de tout danger provenant de l'homme ou d'un fauve. Si rien d'anormal n'est en vue, on continue la route tantôt sur les pistes des noirs, tantôt en terrain couvert, pour gagner le lougan.

Pas d'impédimenta : les petits à la mamelle et les infirmes sont restés dans les rochers.

Et la troupe va, légère.

Si la route est fermée, si un danger se présente, elle oblique à droite ou à gauche, s'arrête et attend pour repartir.

Enfin, la voilà au but. Quelle fête, quelle douce délectation ! Les faces simiesques quittent leur air sérieux et inquiet pour se dérider et se faire rieuses. Un factionnaire est commandé de service pour se percher, en se dissimulant de son mieux, sur un arbre du voisinage ; il ne quittera son poste que lorsqu'un camarade bien repu viendra le remplacer. Alors quelle bombance dans la sécurité ! Les indigènes ont bien mis, sur des branches plantées dans le sol, un vieux boubou et une calotte en loques pour les effrayer, mais le singe, né malin, sait à quoi s'en tenir et se moque de cela comme d'une pistache. Il faut pourtant se presser ; un homme, gardeur de lougans, peut survenir. Alors on fait rage : ce sont les grappes qu'on coupe en escaladant la tige et les grains frais et succulents que l'on croque à belles dents ; et ce sont des bonds, de petites gifles amicales aux petits qui reçoivent leurs parts. Pas ou peu de cris. Mais la liesse cesse. Le factionnaire a, d'un petit cri, signalé l'éveil du gardien du lougan. C'est un enfant de douze ou treize ans qui, tiré de son sommeil par un bruissement anormal de tiges et de feuilles, s'est assis sur la plate-forme de sa case d'observation et cherche en se frottant les yeux, demi-éveillé, à voir ce qui se passe dans le champ confié à sa garde. L'importun descend de son observatoire, un grand bambou à la main, pousse quelques cris et se dirige vers le point où il a entendu du bruit. Mais nos maraudeurs n'ont pas perdu leur temps. Les anciens, munis d'un épi porté à pleine bouche, battent en retraite au pas, au trop et au galop, selon l'allure du gardien. Les petits suivent à pied ou sur le dos des mamans, avec une petite provision de grain sous une joue où se dessine une légère rotondité. A une courte distance, généralement sous les grands arbres, on s'arrête pour se concentrer, attendre les retardataires et voir si personne ne manque à l'appel.

Après s'être rendu compte du larcin, l'enfant se borne à regarder les maraudeurs; il se promet de mieux surveiller à l'avenir, et, la conscience pleine du devoir accompli, il coupe à son usage une grappe qu'il mange à belles dents, car on néglige souvent de lui porter sa part de couscous, le village étant loin. Déjà le soleil descend à l'horizon et bientôt il retournera chez lui avant la nuit, heure où les fauves circulent, dangereux, et le jeune captif trouvera sa part de couscous au lait ou aux pistaches; il boira une bonne calebasse d'eau et, le repas fini, il se rendra au tam-tam ou bien ira jouer avec les amis de son âge et de sa condition.

Si nos singes ont eu le temps de manger à leur faim, s'ils sont bien repus, ils ne tarderont pas à regagner leurs rochers où les petits petits et les infirmes les attendent le ventre vide.

La bande se remet en route vers l'eau en observant toujours les mêmes dispositions de sûreté. Arrivée au marigot ou à la rivière, chacun plonge goulument la tête dans le courant, car le singe n'aime pas l'eau trouble des marais; c'est de l'eau limpide qu'il recherche, c'est du cristal de roche qu'il lui faut. Il boit à pleine bouche et se mire, coquet. Le singe est fort délicat, difficile même pour sa nourriture; il se complaît extrêmement dans les délices de la vie.

Tout le monde a bu et le repas est terminé. Les voilà aussitôt en gaieté, folâtrant sur les branches des arbres de la rive tout en marchant vers leurs repaires peu accessibles, cueillant par-ci par-là quelques fruits sauvages dont ils raffolent ou quelque insecte aux élytres d'or. Les longues queues déployées servent de levier et de moyen de propulsion à ces mignards quadrumanes qui se livrent, sur les cimes, aux exercices les plus acrobatiques. Deux arbres se font-ils vis-à-vis sur la rivière en mêlant un peu leurs branches, vite ils gagnent l'autre rive en un bond gigantesque. Là ils font du trapèze ou restent suspendus à leurs queues lisses et brillantes sous les rayons d'un soleil qui décline à l'horizon, en une belle fantasia où les porteurs de grappes ne prennent pas leur part.

Les oiseaux-trompette rallient déjà les hautes cimes de leurs perchoirs en poussant ces cris stridents qui leur ont valu leur nom, lorsque nos singes atteignent les crêtes de leur montagne en forme de table. Le soleil a déjà disparu de la plaine; et les rochers reçoivent ses derniers rayons, plus rouges que les flamboyants, lorsque la caravane simiesque arrive, aux joyeux aboiements de tous. Les infirmes dévorent leurs grappes et les petits se suspendent, goulus, aux mamelles de leur mère. Les vieillards assis sur leur séant, le ventre au soleil, paraissent tenir conseil ou faire leur prière à l'astre qui s'en va. Quelques derniers cris sont poussés et chacun rentre dans les excavations pleines de poil et de feuilles mortes. Là on s'entasse, on se groupe deux à deux, les petits dans les bras de leurs mères, les gros, ventre à ventre, étroitement enlacés; les anciens serrent sur leur sein quelque frileux dont ils mordillent la peau du cou ou de la tête en signe d'affection ardente et aussi en manière de toilette.

C'est la nuit, c'est le sommeil.

Les singes aiment beaucoup les pistaches et les patates qu'ils arrachent prestement du sol après l'avoir gratté de leurs mains; les fruits sauvages sont aussi prisés. Le ventre plein, ils n'hésitent pas à conserver une petite provision dans la bouche dont les joues, lâches comme une blague à tabac, se prêtent fort bien à remplir la fonction de réservoir. Il est bien rare qu'ils soient persécutés par les indigènes, qui les redoutent et les entourent d'une certaine considération. Y trouvent-ils un lien de parenté? la chose n'est pas impossible.

Les singes sont bien certains de ne jamais recevoir un coup de fusil des noirs qui se bornent seulement à les insulter lorsqu'ils les surprennent en maraude dans les lougans.

Les cynocéphales habitent les crêtes des roches, sur les montagnes en forme de table, très répandues dans le pays. On les voit, soir et matin, gravement assis vers le soleil, en train de pousser des aboiements semblables à ceux de nos gros chiens. Ils naissent et meurent dans leurs rochers, si des Européens, malencontreux comme nous le sommes souvent, ne viennent les déranger de leurs habitudes soit en s'installant dans leur voisinage, soit en les chassant.

Faut-il avoir le cœur assez entouré d'un triple acier pour lancer un grain de plomb à ces pacifiques animaux qui égayent si bien les solitudes du Soudan? Que de fois l'on est distrait, à l'aube ou au crépuscule, par les cris de surprise et de colère de ces nobles quadrumanes qui nous saluent au passage d'un concert mille fois répété par les échos d'alentour! Dès que les premiers rayons éclairent les têtes grises des montagnes, on le voit marcher sur les roches la queue traînante, entrer et sortir de leurs trous et nous témoigner par leurs insultes qu'ils sont furieux de voir des blancs, les ennemis de leur race, venir troubler leur quiétude dans ces lieux sauvages et déserts.

— Que venez-vous faire ici, semblent-ils dire, êtres assez dépravés et inhumains qui ne craignez pas de tirer sur nous — un peu maraudeurs, sans doute — avec vos armes perfectionnées et de brûler une poudre qui ne vous manque jamais? — Nos amis les noirs sont plus économes de leur poudre, et puis, ils ne l'emploient jamais contre nous; *vade retro!*

Me trouvant un jour sur une montagne, je

tombai en plein repaire de cynocéphales. C'était à Bangassi-Kourou où j'étais aller chasser, sur les hauts plateaux, pour me remettre d'une grave maladie tropicale qui m'avait mis à deux pas du tombeau. Le fidèle Biskiti me suivait en portant mon fusil sur un pénible chemin de cabri, et j'étais obligé de m'arrêter à chaque instant pour chercher un air qui semblait manquer à mes poumons, tant j'étais pâle et anémié! Nous étions déjà à mi-montagne; le soleil de huit heures du matin que je recevais contre un écran de roches dénudées et à pic se faisait déjà péniblement sentir. Après avoir bu dans ma gourde un peu de café mélangé d'eau, j'allais repartir lorsque Biskiti me dit :

— Doctoro, regarde le golo (1) sur le rocher d'en face! et il me passa mon fusil.

M'étant retourné j'aperçus à soixante mètres, gravement assis sur la pointe d'un rocher, un cynocéphale impassible qui m'observait sournoisement selon l'habitude, car un bon singe vous faisant face n'a jamais l'air, le finaud, de s'occuper de ce qui le préoccupe, et il est impossible de saisir son regard mobile. C'était le factionnaire de la bande, à son poste d'obser-

(1) Singe.

vation. Tout était calme, d'ailleurs. Ce golo fort sournois n'avait peut-être jamais vu un blanc de si près; il était assis sur son siège et occupé, en apparence, à se gratter ou à remuer quelque petit caillou, histoire de se faire une contenance; sans paraître s'occuper de moi, il ne perdait pas un de mes mouvements.

Le fusil en main, j'étais indécis. Envoyer du plomb à ce pacifique animal, pourquoi? — La fourrure n'est pas belle et la chair ne se mange guère.

Biskiti, de son côté, le regardait avec une attention qui n'était pas dénuée d'un certain respect. J'allais repartir et le laisser en paix lorsque mon garçon se retourna vers moi pour voir ce que j'allais faire. Les noirs ne font pas de mal aux singes, mais ils adorent les coups de fusil et l'odeur de la poudre les grise. De mon côté j'éprouvais une grande curiosité de juger des résonnances de l'écho. Le goût de l'acoustique l'emportant sur la crainte de verser le sang de cet inutile mais décoratif animal, je pris une cartouche de tout petit plomb et j'épaulai vers le singe qui, plus que jamais, demeura impassible. Ce que c'est que le devoir! J'aurais bien désiré le voir s'en aller et fuir, sous ma menace, mais rien n'y faisait. Son ignorance des effets de nos armes lui donnait une sécurité trompeuse. Enfin ayant visé l'extrémité du train postérieur, je tirai, pendant que Biskiti se bouchait les oreilles. — Pan!... un nuage de fumée me le cacha un instant. Pendant que l'écho des montagnes voisines répercutait mille fois le bruit de mon arme, je vis mon singe, un petit peu de plomb à la peau, fuir en hurlant pendant que des trous de rochers sortait effarée et piaillant toute une tribu de quadrumanes qui détala au pas gymnastique.

Biskiti, heureux comme un almamy, se précipita vers le rocher et m'en rapporta une petite touffe d'un poil long et soyeux.

— Tu n'as pas vu de sang sur le rocher?

— Il y en a un peu, doctoro.

— Tant pis! ajoutai-je; et je continuai ma route sur la montagne sans plus songer aux fuyards.

Mais le singe a de la rancune; il éprouve des sentiments de haine et de vengeance contre ceux qui lui font la guerre. Pendant que je cheminais à demi essoufflé et le front baigné de sueur un grand conseil de guerre était tenu par les singes, et l'on agitait les questions de représailles et tout un plan de combat. Et moi qui étais si tranquille et qui ne songeais même plus à ma tentative de meurtre contre l'un d'eux! Après avoir erré longtemps à la recherche non d'un chemin praticable, mais d'un point par où je pourrai atteindre le plateau qui couronne la montagne, sans autre préoccupation d'ailleurs, les hasards de la route m'amenèrent vers les parages où avaient fui mes singes. On n'en voyait aucun pourtant et Biskiti à l'œil de lynx n'avait rien signalé d'anormal lorsque tout à coup une grosse pierre qui devait bien peser cinq ou six kilogrammes se détacha des rochers situés au-dessus de nos têtes et passa fort près de nos jambes. — Diable! me dis-je en moi-même; des roches qui se détachent par effritement! Ça doit être rare, surtout en saison sèche. Nous continuons péniblement notre route et une deuxième, puis une troisième pierre tombe devant nous.

— Ouvre l'œil! dis-je à Biskiti; pareille avalanche n'est pas naturelle.

Après avoir poussé quelques cris et m'être reculé le fusil à la main, je pus apercevoir un troupeau d'une trentaine de cynocéphales en train de détacher des pierres de la montagne et de leur donner l'impulsion voulue pour les faire rouler jusqu'à nous.

— Attention! dit mon garçon effaré ; ils sont beaucoup en colère contre toi.

— Ah! bandits!

Et ayant pris dans la cartouchière qui me ceignait fortement les reins deux cartouches à chevrotines, je mis en joue celui qui semblait le plus irrité et le chef de bande.

— Ne tire pas, doctoro; rentrons, sans quoi ils vont nous tuer, me dit Biskiti de plus en plus terrifié.

Je me retournai vers lui pour le rassurer car il s'était mis prudemment à l'abri derrière moi.

Je fis feu deux fois et le singe tomba roide mort au milieu de la bande qui fut alors prise d'une frayeur visible; il se coucha sur le ventre la tête en bas et les membres postérieurs appuyés sur le rocher. Le cœur avait sans doute été atteint; d'où cette mort si subite.

— Puisque ces brigands n'ont pas compris tout à l'heure que j'avais voulu seulement les effrayer, dès que nous serons là-haut tu prendras le corps qui ne fera pas trop mal empaillé, dis-je à Biskiti.

Et j'observai l'attitude de la gent simiesque. Vous croyez peut-être qu'ils s'enfuirent en abandonnant lâchement la dépouille de leur vieux chef? Loin de là! La bande ne se retira que lorsque deux gros mâles eurent pris le cadavre de leur infortuné compagnon qu'on emporta à mon nez et à ma barbe.

Devant un tel exemple de solidarité pieuse je ne pus songer à leur disputer leur triste trophée et je fus, je l'avoue, frappé d'admiration devant ce sentiment du devoir connu du brave et loyal soldat qui n'hésite pas, en plein champ de bataille, à emporter, loin de l'ennemi, le corps de son chef blessé ou tué. Je saluai mentalement le mort et ses fiers compagnons.

— En route! m'écriai-je; et nous repartîmes, moi le cœur ému et Biskiti insouciant comme un Kitanké.

Après avoir déjeuné d'un biscuit et d'un peu de viande froide, bu une pleine gourde d'eau de rocher, je m'étendis sous un beau caïlcédra, afin de réparer mes forces, mais sans pouvoir fermer les yeux.

Biskiti s'endormit profondément sur le sol le ventre en bas, la tête sur l'herbe et moins élevée que ses pieds, selon l'habitude des noirs.

A trois heures je me dirigeai vers le levant en suivant une piste de pintades où la foulée bien établie dénotait les fréquentes promenades de ces oiseaux. A moins de cent mètres, je tombai sur une sente nouvelle beaucoup plus large; j'en étais éloigné encore de dix pas lorsque j'y vis arriver, coupant ma route, un troupeau de cynocéphales silencieux et superbes. Instinctivement je m'arrêtai et, mon fusil armé, j'attendis en état de défense. Biskiti derrière moi n'était pas fier; moi, de même. A ma vue, dix des plus gros, s'étant assis sur leur séant, me regardèrent anxieusement d'un œil vague et irrité. Que va-t-il advenir, me dis-je en moi-même? Est-ce l'effet du hasard ou bien est-ce la vengeance qui les porte sur mes pas? Vont-ils m'attaquer? Après les incidents de la matinée il leur fallait une bien grande audace pour s'arrêter ainsi en face de moi, à quelques pas et me braver presque. Était-ce la même troupe? Autant de questions qui passèrent dans mon esprit en moins de temps qu'il n'en faut pour les écrire.

Le reste de la bande qui s'était retiré en arrière de la première ligne se mit, sur un cri, à défiler : quelques mamans portaient des petits sur le dos; d'autres détenaient entre leurs mandibules plusieurs épis; ou bien des pistaches, ce qui leur donnait l'apparence de marins la chique à la bouche. Ces seigneurs sans importance ayant enfin défilé bien tranquillement, les dix vieillards les suivirent sans broncher; seuls, les derniers me lançaient de temps en temps un coup d'œil inquisiteur. La bande revenant de la maraude avait été aussi surprise que moi et avait manifesté plus de curiosité que de haine; elle s'était bornée, en me voyant, à prendre des dispositions de défense.

Les singes du matin auraient montré, sans nul doute, une attitude plus aggressive, ce qui m'eût obligé — à mon profond regret — à user des grands moyens afin d'éviter quelques morsures et un corps à corps peu digne d'un homme; qui peut le dire? Dans tous les cas je ne croirais guère en sûreté un chasseur qui aurait sur les bras une dizaine de ces gros singes pourvus d'une musculature puissante et joignant à l'agilité et à l'adresse des mâchoires armées de râteliers puissants.

L'incident du matin m'avait tellement remué que je me serais bien gardé de toucher à un poil de ces pilleurs de lougans.

La montagne de Bangassi est le repaire de plusieurs bandes localisées chacune dans un territoire spécial des rochers, ayant ses sentes particulières, son terrain propre de rapines et des sources réservées. Les singes ne fréquentent pas les tribus voisines; ils vivent, chez eux, de la vie patriarcale des noirs. Lorsque des bandes se rencontrent en maraude, il y a pas mal de cris et de horions échangés. Matin et soir, de leurs rochers, les tribus s'interpellent et se répondent en des aboiements nombreux que les échos répètent. Cela ne manque pas de donner à ce massif un cachet de grandeur qui frappe. Les singes deviennent fort vieux si on en juge par l'usure de leurs dents à manger des fruits.

Le singe *pleureur* ou *jaune* est de petite taille, mince et fluet; plus que les autres variétés il a une face d'homme avec son collier et ses favoris noirs bien dessinés; le regard est doux et il a pour nous, lorsqu'il est réduit à l'état domestique, moins d'affection que les autres variétés; son intelligence est aussi plus obtuse. Comme ses pareils, il vit en bandes, mais il habite les forêts qui bordent les fleuves ou les rivières et se nourrit surtout de fruits sauvages. Son nom lui vient à juste titre du cri plaintif qu'il ne cesse de pousser, cri triste s'il en fut.

Le singe *bleu*, fort mignon, très propre, doit son nom à la couleur bleue de sa robe et à la peau de son ventre. Il a les mêmes habitudes que le précédent.

Les noirs du Soudan aiment assez ces deux dernières espèces, moins bien douées sous le rapport de l'intelligence, mais moins amoureuses de rapines que les cynocéphales.

Les singes sont susceptibles de devenir l'objet d'un certain commerce à condition de les avoir vivants. Voici comment procèdent les indigènes pour les capturer : ils les prennent par leurs vices, surtout par la gourmandise et leur goût particulier pour le sucre et l'ivrognerie. Le procédé est bien simple et à la portée de tous; une âme sensible elle-même peut l'employer sans déroger : *C'est la chasse à la calebasse*. Cela demande des explications; les voici :

— Étant un jour en route sur le cours du fleuve que je descendais en pirogue, je crus remarquer, le soir, en m'arrêtant sur un banc de sable vers l'embouchure d'un gros marigot, la présence, sur la cîme d'un grand arbre, d'un troupeau de singes bleus. Il me restait encore une petite provision de sucre et d'eau-de-vie. Comme je ne buvais habituellement que de l'eau prise en plein courant et que, d'autre part, mes domestiques me volaient le tafia, je fis le sacrifice de ce qui me restait encore pour capturer des singes et rire un brin : il s'agissait de les griser.

Après le dîner, je me fis apporter la grande calebasse où mes hommes avaient coutume de manger leur couscous et je la fis remplir d'eau jusqu'aux bords ; ensuite l'eau-de-vie fut versée et le sucre fondu : le mélange aimé des singes était prêt et je pouvais *chasser à la calebasse.*

Vers huit heures, dès que la lune apparut, répandant une lueur argentée sur le lit du fleuve qui semblait un grand serpent au repos, Biskiti arma une pirogue, et, en silence, rasant la rive, il me conduisit, *à la perche,* jusqu'à hauteur des arbres où j'avais, à l'arrivée, constaté la présence des singes couchés sur les branches. Un « *stop* » dit à voix basse, la pirogue s'arrêta. Alors nu-pieds, comme c'est l'usage, dans ces embarcations faites de deux troncs mal ajustés et faisant de l'eau, je descendis sur la petite plage et je déposai la calebasse dans un trou de sable fait avec mes mains.

— C'est pour les golo? dit Biskiti qui avait compris. Et il poussa en silence la pirogue vers le campement. On n'entendait qu'un léger clapotement de l'eau lorsque la longue perche de bambou se soulevait après une poussée vigoureuse. Accroupi, les pieds dans l'eau, je vidais sans cesse le trop plein de l'embarcation en riant et en songeant à la belle beuverie que les singes ne manqueraient pas de faire le lendemain à la pointe du jour, pour assouvir certain penchant à l'ivrognerie.

Pendant que je m'installais sous ma moustiquaire, à l'abri des maringouins fort communs sur les rives en toute saison, je pus entendre Biskiti raconter à ses camarades intrigués ce que nous venions de faire. Des « *ah!... ah!...* » nombreux et des « *bissimilahi* » d'étonnement lui répondirent. Et la conversation s'engagea sur les singes ; en voici quelques bribes :

Biskiti. — Nous aurons des singes demain s'ils boivent dans la calebasse.

Tous. — Ah! ah!... puis un silence.

Biskiti. — Doctoro a dit que nous ririons bien.

Namouké. — Nous rirons. Moussa Diallo de Bammako en a pris sept l'an passé par ce procédé.

Tous. — Ah! ah!...

Biskiti. — Doctoro a dit comme ça que les singes sont *marabout-cognac*.

Tous. — Allah! (Dieu!)

Et de rire comme des possédés. Namouké se mouche de la main gauche comme le font tous les noirs et ajoute :

— Doctoro m'appelle aussi marabout-cognac.

— Oui, parce que tu lui bois son tafia, répondit Sadio.

Comme la brise fraîchissait, ils se drapèrent la tête et le corps dans un pagne de leurs femmes et la conversation continua jusqu'à épuisement du sujet. Alors chacun s'étendit sur le sable fin où les corps marquaient une empreinte profonde.

Je me réveillai, le soleil déjà à l'horizon, après un bon sommeil dû à la fraîcheur de la nuit. Le fidèle Biskiti vint, selon l'usage, me saluer en m'apportant une tasse de café et il riait en me regardant.

— Qu'as-tu donc à rire ainsi, petit golo, lui dis-je?

— Les singes doivent être gris car nous les avons vus se diriger vers la calebasse, répondit-il.

— Je n'y songeais plus; armez deux pirogues et venez tous avec moi.

La curiosité était si grande qu'en un instant nous fûmes rendus à la calebasse : elle était vide. Dès l'aube, les singes étaient venus boire copieusement. Trois étaient étendus à côté, ivres-morts; un autre, quelques pas plus loin, se livrait à des exercices variés en équilibre instable sur des branches; on le laissa. Les hommes, munis de cordes sur mon conseil, se mirent en devoir de lier les reins des trois ivrognes dans un nœud assez serré ; mais l'un d'eux s'étant échappé des mains de Namouké tenta quelques pirouettes pour retomber sur le ventre, à plat; on n'eut pas grand mal à le reprendre. Biskiti appuyait ses longues mains sur son ventre en se tordant sous le rire.

C'étaient trois singes bleus, bien mignons, qui se laissaient faire ; leur corps soyeux et bleu au ventre passait de main en main, souple comme le lièvre qu'un chasseur vient d'abattre. On les déposa au fond des pirogues, de l'eau jusqu'aux oreilles, et je dus recommander aux noirs insouciants de les tenir en main, dans la crainte d'une noyade. Dans les moments de demi-lucidité ils poussaient leur petit cri de « *crreeü* » et cherchaient à se lancer à l'eau, car, comme on sait, les singes nagent admirablement et plongent de même fort longtemps.

Le camp levé, je continuai ma route. Vers dix heures du matin, l'ivresse disparue, les trois bleus furent pris d'une telle terreur en se voyant prisonniers et en pareille compagnie, qu'ils essayèrent de fuir, mais en vain. Leurs mouvements désordonnés et leur bruit jetaient un tel désordre dans les pirogues que je dus leur rendre la liberté. Le lâcher fut opéré en marche, vers le milieu de la rivière; ils se précipitèrent bravement à l'eau et je les suivis du regard jusque sur la rive où ils abordèrent sans avoir été inquiétés par les caïmans que le passage des pirogues avait dû éloigner. Je les vois encore se séchant au soleil sur le sable et nous regardant nous en aller, confus d'être trempés comme des canards et encore ahuris par l'extraordinaire aventure qui venait de leur arriver.

Le singe est un animal destructeur. Pendant mon séjour dans un poste je possédais un jeune cynocéphale fort intelligent, aimable et amusant par ses manières. Il s'était pris d'une vive affection pour mon cheval blanc, Ali, un pur sang du Sahara venu de Tichit, et aussi pour une mignonne gazelle zébrée que j'avais eue toute petite. Ces trois animaux d'espèce si différente vivaient en très bonne intelligence. Ali couchait sur le sable, le pied gauche de devant attaché au piquet. Lolotte — la gazelle — et Bismark — le cynocéphale — allaient se coucher, Lolotte entre les jambes d'Ali et Bismark sur le ventre de Lolotte. C'est ainsi qu'ils dormaient sous les étoiles. Durant le jour, Bismark assez fantasque de sa nature, grimpait à califourchon sur la gazelle qui s'escrimait en des bonds gracieux et souples, sous le fardeau de son égoïste ami. Le soir, à l'heure de mes promenades quotidiennes, Lolotte accompagnait Ali en folâtrant devant ou derrière, quelquefois au milieu de mes chiens qui prenaient plaisir à bondir vers les naseaux du cheval. Ali prenait lui-même sa part du jeu en relevant sa fière tête de grand seigneur qu'il était au milieu de tout ce petit monde gravitant autour de lui, comme des planètes pâles autour de leur soleil. Ali allait superbe sous sa robe blanche immaculée, tachée d'une longue queue jaune comme les Maures et les noirs ont l'habitude de les teindre.

Cette promenade du soir après le feu du jour, m'était particulièrement agréable parce qu'elle venait le travail fini. Je la fis un jour après avoir terminé un volumineux rapport que j'avais recopié au net sur du beau papier blanc; je l'avais laissé sur mon bureau, prêt à partir le lendemain par le courrier de France, en poussant un de ces « ouf » qui marquent la fin d'une besogne longue et ennuyeuse.

Bismark qui fréquentait beaucoup chez moi avait été laissé au poste et l'on avait négligé de l'attacher à son pilier habituel. Comme toujours ma porte resta ouverte et le singe put vaguer chez moi en toute liberté, car c'était un singe modèle qui n'avait jamais rien dérangé chez personne, surtout depuis certaines corrections à la cravache que sa mauvaise éducation avait rendues nécessaires au début de son entrée dans la vie civilisée.

Ma promenade accoutumée fut encore mieux savourée qu'à l'ordinaire à cause du rapport terminé.

Au retour, après avoir mis pied à terre, je rentrai chez moi pour changer de linge, délassé par cette bonne gymnastique du cheval qui est une condition de santé dans les pays chauds. Mais — dieux infernaux! quelle n'est pas ma stupéfaction en apercevant, par terre, mon rapport déchiré en mille morceaux et jeté par Bismark aux quatre vents de mon logis! Un mouvement bien naturel de colère me prit et, la cravache en main, je me mis à rechercher le singe auteur de ce méfait qu'il avait même, l'imbécile, signé des empreintes de ses mains sur les feuillets. Je ne dus pas aller bien loin, car en regardant sous mon lit je l'aperçus tassé dans un coin, immobile, la tête basse et comme en état d'hypnotisme devant son nombril. Je l'appelle et il ne bouge pas, tant son âme était noire! Enfin le bout de ma cravache l'arracha de son repaire d'où il ne se tira que pour recevoir une bonne correction bien méritée afin de lui apprendre à ne plus déchirer des rapports qui avaient coûté plus d'un mois de travail. Devant ses plaintes et ses témoignages de repentir je me montrai impitoyable. Lorsqu'en cette affaire il eut perdu quelques bribes de duvet il fut condamné à subir huit jours de prison à son pilier et à un régime de quelques pistaches, le soir, avec un peu d'eau. Adieu le sucre! adieu les nuits avec ses amis!...

Depuis cette aventure Bismark devint le modèle de cynocéphales.

Dès les premiers temps de mon séjour au Soudan, les hasards de la chasse me permirent d'étudier chez les singes bleus quelques particularités que je dois signaler.

J'avais descendu quelque temps le cours du fleuve pour tirer des perdrix qui viennent boire le soir, quand un jeune perdreau démonté m'obligea à débarquer sur la berge pour le retrouver. La recherche étant vaine, j'aperçus gravement assis sur un tronc d'acacia gommifère trois singes bleus qui me regardaient hésitant sur le parti qu'ils devaient prendre. Je tirai dessus et l'un tomba grièvement blessé, le mâle. Aussitôt la femelle, du plomb sous la peau et affolée, passe près de moi avec un petit sur le dos blessé à l'extrémité de sa longue queue. Dans sa frayeur la mère se précipita dans le fleuve avec son enfant; elle nageait assez difficilement. Espérant prendre le petit vivant — un mignon singe — je regagnai mon embarcation pour aller à la poursuite. Dès que le lapetot se disposait à les prendre, vite la mère, avec le petit vissé à son dos comme une verrue, plongeait; au bout d'une minute et plus elle revenait sur l'eau à une certaine distance afin de poursuivre sa route vers l'autre rive. Cet exercice s'étant répété plusieurs fois et la lassitude aidant, le lapetot put enfin saisir le dos du singe si bien cramponné à sa mère, que celle-ci le suivit assez haut jusqu'à ce que, dégagée, elle retomba pour aller seule, en paix et libre de toute poursuite.

Le prisonnier, après avoir appelé sa mère se laissa caresser, l'innocent transi de froid. Un plomb lui avait fracturé l'extrémité de la queue : c'était son unique blessure. Je me mis à lui faire un pansement provisoire avec du menu bois et des débris de mon mouchoir. Le jeune *boubou* entouré de soins parut s'humaniser. Au poste, dès le retour, je lui appliquai un joli petit appareil; après quoi il fut attaché à l'infirmerie.

Le lendemain et le surlendemain tout alla pour le mieux. Gai et content, l'animal buvait quantité de lait sucré; il croquait pistaches et grains de mil. C'était charmant; et je comptais sur une guérison prochaine de l'appendice caudal. Quel ne fut pas mon étonnement, le matin du troisième jour, en constatant que le boubou était atteint du tétanos traumatique le mieux caractérisé. Je pus, tout à mon aise, comparer son cas avec celui d'un tirailleur qui se trouvait, à côté, en traitement pour la même affection et dont le mal avait eu pour cause la piqûre d'une épine au pied. Mon intérêt déjà si grand pour le singe ne fit que s'accroître de cette intéressante constatation. Il fut mis en traitement et soigné comme le tirailleur sauf en ce qui concerne les doses de médicament que je dus proportionner au poids. En outre je fis la section de la queue en deçà de la blessure et un pansement antiseptique. L'action du chloral se montrait très efficace.

De ces deux malades, seul le tirailleur guérit, et le pauvre singe mourut le troisième jour de sa maladie et le sixième de sa blessure.

Comme les hommes, les singes sont donc susceptibles de contracter le tétanos traumatique, surtout pendant la saison fraîche; et cette maladie doit certainement faire de nombreuses victimes dans la gent simiesque, grâce aux piqûres des épines si nombreuses sur certains arbres du Soudan.

Il est bon d'ajouter, en finissant, que mon boubou était en rapports journaliers avec le tirailleur malade.

CHAPITRE VII.

CHASSES DANS LE FOULADOUGOU.

Le chef à l'oreille coupée. — Chassé par les éléphants. — Le Baudinko et le lion. — Les sangsues. — Chasse à l'éléphant. — Kita. — Sanatorium. — Météorologie. — Les girafes.

Je me dirigeai sur le Baudinko, gros affluent du Baoulé. Quelques villages en formation commencent à s'élever dans cette région qui fut dévastée et ruinée par El hadj Oumar. L'ancien Bangassi était à cette époque un des grands marchés du Soudan : il relève à peine ses ruines avec des éléments fort disparates de population dans sa vallée fertile qui peut nourrir d'assez nombreux habitants.

A Tambaguina, sur un marigot bordé de bambous et autrefois la demeure des éléphants, s'élève aussi un petit village avec des populations venues de la rive droite du Niger. Le chef a une oreille coupée. Comme c'est l'usage chez les noirs, je crus que dans son enfance quelque jeune esclave avait dû lui faire cette mutilation pendant le sommeil, afin d'assurer sa vie pour toujours et de s'attacher à son jeune maître par un lien indissoluble, plus fort que celui du sang. Les antiques coutumes veulent, en effet, que tout esclave qui aura coupé l'oreille à un homme lui reste toujours attaché par une chaîne que la mort seule peut rompre. Le mutilateur devient la chose de l'homme à l'oreille coupée et ne peut être vendu; il reçoit aide et subsistance. Lorsque je priai le chef de me montrer l'auteur du méfait en tournant les yeux vers l'oreille absente, il comprit de suite ma pensée et, en riant, me conta son histoire : son oreille avait été coupée par les sofas de Samory après la prise de son village, dans le but de mieux le reconnaître plus tard.

De Maréna au Baudinko je pris par la forêt en m'éloignant de la route. Une aventure peu ordinaire m'arriva; la voici :

— Les porteurs et mes gens marchaient devant moi conduits par des guides à travers des chemins de lougans ou des pistes qui devaient me mener à la rivière. Mon cheval fatigué marchait d'un pas ralenti derrière le palefrenier et Biskiti me suivait, mon fusil sur l'épaule. Nous allions bien paisiblement par une belle sente, vers trois heures du soir, sous un vif soleil que tempérait, de temps en temps, l'ombre fournie par de grands arbres déjà verdissants sous les premières ondées de l'hivernage. Toute pensée de chasse, avant d'être arrivé à la rivière, était loin de mon esprit et je voyais partir, à petite distance quantité de pintades, de gazelles et de kobas. Un solitaire superbe, de noir habillé, nous regardait passer tranquillement, nous observant, à l'ombre d'un pommier sauvage où il se régalait de fruits jetés à terre en secouant le maigre arbuste. Mon cheval avait pris en vive affection son vieux palefrenier qu'il suivait aveuglément moitié endormi; il marchait derrière lui la tête un peu basse pour s'aider de son ombre. Si Amady s'arrêtait, le cheval en faisait autant; s'il se détournait de la route barrée par un caillou ou une petite branche sèche, le cheval se détournait aussi. Ils marchaient tous les deux au pas, comme des tirailleurs en colonne! Sous mon casque j'étalais, de temps en temps, une serviette humectée par l'eau de ma peau de bouc afin de me garer contre la réverbération du sol, pénible et dangereuse. Et là, des lunettes fumées sur les yeux, j'allais en paix dans une demi-somnolence due autant au soleil et à la fatigue qu'au train-train monotone du cheval.

Tout à coup loin, derrière, j'entendis comme le trot de plusieurs chevaux. Sachant que leur présence sur ces lieux eût été bien extraordinaire, je me tournai, en marchant, du côté d'où venait le bruit insolite. Le cheval éveillé dressait déjà les oreilles.

Mon étonnement fut extrême : j'étais suivi par deux jeunes éléphants, à deux cents mètres sur ma piste ; à plus grande distance maman éléphant, marchant au pas, surveillait les ébats joyeux de ses rejetons presque aussi gros que des bœufs. Comme je m'étais arrêté face à eux, les deux quadrupèdes s'écartèrent un peu du chemin en nous regardant et en décrivant de gracieuses salutations avec leurs trompes. Le cheval les examinait curieux et hennissant. Ils n'avaient aucune pensée hostile, ces gais enfants de la brousse ; ils se bornaient à assouvir leur curiosité.

Je n'avais malheureusement pas ma carabine pour les tirer dans de bonnes conditions ; et puis ils étaient si gentils que c'eût été un crime d'en tuer un pour de si petites défenses. Sur leurs faces placides et dans leurs petits yeux rieurs se lisait un désir immodéré de venir jouer avec le cheval qui, si on en croyait ses hennissements inquiets, ne partageait pas leurs pensées ; j'avais même grand mal à le maintenir en place, non sans reculer, devant les éléphants qui faisaient mine de se rapprocher.

Un bruit sourd et profond se fit entendre à quelque distance : maman éléphant, inquiète de ses petits, s'avançait en accélérant le pas, la trompe haute se balançant devant des défenses assorties.

Certes, cela devenait dangereux; il n'y avait plus qu'à battre en retraite, ce que je fis non sans tirer sur les deux petits une cartouche anodine dans l'espoir que le bruit du fusil, l'odeur de la poudre et une fuite rapide suffiraient à nous éloigner de la mère dont l'attitude, ne disant rien qui vaille, promettait une rencontre néfaste à l'un de nous.

Le cheval partit au galop derrière Amady qui marchait comme un Poul; et Biskiti était suspendu à sa queue.

Après un certain étonnement du au coup de feu, les deux petits se mirent à nous suivre au petit galop devant leur mère qui, au bout d'un instant, modéra son allure.

Ce n'était pas drôle! et, si la franchise ne m'y obligeait, j'aurais glissé sur cet incident où, par manque d'armes efficaces, le chasseur fut à son tour chassé et mis en fuite par trois éléphants. Il eût fallu une trop forte dose de candeur pour se fier à ces habitants du désert.

La poursuite cessa bientôt et les petits rejoignirent leur mère. Je pus les voir tous les trois tenir conseil sur la conduite à observer. Peut-être aussi qu'ils se rendaient compte des légères égratignures que les chevrotines avaient dû faire à leur peau.

Enfin ils prirent une direction opposée à la mienne et disparurent sous bois.

Le cheval était plein d'écume et les hommes ruisselaient, pantelants.

Cette bizarre aventure, le danger passé, provoqua chez nous tous un rire général qui n'était pas fait de fierté.

— Allah! disait Amady en se tenant les côtes.

— Laïla! ajoutait Biskiti, en me regardant.

— Bissimilahy! dis-je à mon tour, pas trop fier.

Arrivé sur la rive droite du Bandinko, je fis établir le campement en me jurant bien de me faire toujours accompagner de l'arsenal complet et notamment de ma carabine en cas d'aventures de ce genre, toujours possibles dans ces régions.

Le campement fut établi au confluent d'un petit marigot dont les eaux croupissantes se dissimulaient sous une luxuriante végétation de plantes aquatiques, au vent de ce marais et à bonne distance, afin de ne pas en respirer, la nuit, les émanations fébrigènes. Le palefrenier mena le cheval à l'eau et le laissa brouter l'herbe verte pendant qu'avec sa serpe il lui amassait une botte. Sur ces entrefaites le cheval prit la clé des champs comme piqué par les mouches; il vagua sans trop s'éloigner de la traditionnelle musette et finit par reprendre sa place à un arbre, près de ma tente. Tout en mangeant son mil il ne cessait de piaffer et de montrer une vive inquiétude qui n'était pas sans m'étonner vu l'absence de mouches. Le palefrenier avait beau le caresser, rien n'y faisait. Je dus l'examiner sur toutes les coutures pour me rendre compte de la cause d'une telle irritation, et je m'aperçus bien vite que des sangsues du marigot, fixées au pied, occasionnaient ce désordre. On les retira et tout fut dit. Lorsque les chevaux ont piétiné dans les marais, il est très utile d'examiner les jambes si on ne veut pas s'exposer à des emballements inopinés.

De ma tente placée en terrain découvert je dominais la rivière. Mes hommes se trouvaient à quelques mètres autour de grands feux et près de quelques moutons que je faisais suivre pour le cas où la chasse n'eût pas assuré la subsistance de mon personnel.

La nuit était sombre et à peine éclairée par la lueur indécise des rares étoiles scintillant dans le ciel où couraient quelques nuages. Le temps était lourd et menaçait de quelque tornade; à l'est très loin, des éclairs; autour du camp, un grand silence interrompu seulement par le murmure du Bandinko glissant sur des galets et ce bruissement particulier produit aux cimes par les brises folles de la nuit et sur le sol par les feuilles mortes que remuent les insectes ou les rats; près des feux circulaient des hibous gris aux ailes munies d'un petit balancier. Un frétillement, signal d'un puissant travail de sève montante et d'une force inouïe de reproduction dans les infimes animaux, se faisait entendre dans ce désert que l'approche du renouveau éveillait. En l'air, dans les branches et sur le sol, des points lumineux dus à la phosphorescence des vers de terre et des jeunes cigales. Mes hommes dormaient, les animaux aussi. Seul, assis sur le bord de ma tente, j'aspirais à pleins poumons la fraîcheur de cette nuit du désert et l'air parfumé de ces odeurs âcres, sinon suaves, que laisse exhaler la nature aux approches de l'hivernage.

Tout à coup, vers les montagnes de la rive opposée, le rugissement du lion se fait entendre, lointain d'abord, se rapprochant ensuite. Un grand silence se fait aussitôt. Les moutons effarés se tassent les uns contre les autres; sans hennir, le cheval écoute les oreilles tendues, l'œil devant lui au loin; les hommes, réveillés comme par enchantement, font flamber, sans mot dire, les grosses branches demi-consumées. Jusqu'à la nature qui semble se taire et rester craintive et respectueuse devant la voix troublante du roi du désert! Frétillements et bruissements cessent; tout se tait devant ce duo d'amour de deux lions, au renouveau. Peu à peu les rugissements s'éloignent du camp et la nature reprenant ses droits, recommence son concert. Les hommes commencent à causer à voix basse, leur saisissement passé. Les lions se sont tus.

Étant rentré dans ma tente, je m'endors profondément en rêvant lions que je chasse et que j'achève au poignard dans un corps à corps d'où je me réveille haletant et le corps meurtri.

Les dispositions de chasse sont prises dès l'aube. Après avoir confié la garde du camp à Sadio, je remontai le petit marigot pendant près de trois kilomètres. Puis à pied, je commençai ma chasse dans un terrain parsemé de bouquets de bambous et de grands arbres. Mes éléphants de la veille avaient semblé prendre la direction de ce marigot qui leur convenait admirablement avec ses bordures de bambous dont ils sont, comme on sait, très friands. J'avais encore sur le cœur la retraite de la veille et je désirais prendre ma revanche, maintenant que j'étais armé de ma bonne carabine.

O cœur du chasseur, que de mauvais sentiments tu couves parfois! S'il est vrai que la vengeance soit un morceau qui aime à être mangé froid, je me trouvais bien disposé malgré mon sommeil troublé de lions.

Biskiti me suivait avec mon fusil portant deux balles explosibles en cas de besoin.

Nous fouillons doucement tous les bouquets de bambous et quelques petits cailloux sont lancés, de temps à autre, dans les endroits que l'œil ne peut assez bien explorer.

— Tu sais, doctoro, que l'éléphant n'est pas bon; si nous le rencontrons je veux monter sur un arbre, dit Biskiti.

Je lui défendis de bouger de mes côtés, quoi qu'il arrivât.

— C'est bon! ajouta-t-il, soumis.

Et nous marchons toujours sans relever la moindre trace d'éléphant. En un point accessible du marigot, dans une belle eau claire, je fis remplir ma bonne peau de bouc. Nous y trouvâmes de nombreuses empreintes de kobas et deux traces de lion. A cette vue un sentiment de dépit se fit sentir. Pas d'éléphants! impossible de réparer l'incident de la veille qui, semblait-il à Biskiti et à moi, nous diminuait dans notre dignité de chasseurs. — Où prendre sa revanche? — sur le lion? il n'y fallait pas songer : le lion dormait depuis longtemps dans les rochers de la montagne. — Sur les kobas, alors? Et nous marchions en silence, tristes, fouillant toujours les bambous et les hautes herbes au voisinage des grands arbres. Ces traces d'antilope trottaient dans mon esprit. Après tout, pensai-je, si je tue un koba ce sera toujours autant de pris, les vivres seront assurés pendant deux jours et les moutons resteront pour l'imprévu.

J'étais ainsi livré à ces réflexions lorsque Biskiti s'arrête et, sans mot dire, me désigne du doigt un bouquet de bambous situé sur la pente douce qui s'abaissait vers la rive opposée du marigot. Après avoir fermé deux fois mes paupières pour mieux distinguer, je fouillai des yeux cette touffe signalée où la brise, que j'avais debout, faisait frissonner quelques feuilles.

— Éléphant! me dit Biskiti à l'oreille.

En fixant bien, je crus distinguer un gros

corps à demi caché par l'herbe et les branches; l'objet se dessina de mieux en mieux et je distinguai une partie de la tête d'un superbe éléphant au repos. Le paresseux digérait à l'ombre son déjeuner de feuilles.

Rasant le sol et à pas de loup nous gagnâmes le pied d'un arbre voisin où je pouvais bien épauler et appuyer ma carabine. L'animal était à moins de trente mètres sans se douter de notre présence, grâce à la brise favorable. On l'aurait cru dans le sommeil s'il n'eût, de temps à autre, brandi sa trompe vers ses yeux ou ses oreilles pour en chasser les mouches importunes. Je l'avais déjà au bout de ma carabine, le guidon à la tête, attendant qu'un mouvement d'inquiétude dû aux piqûres lui fît tourner le front de mon côté. Cela ne tarda guère et je lui envoyai une balle entre les deux yeux.

Au coup, l'éléphant se met sur ses genoux et tente en vain de se soulever; puis il roule, en un grand bruit de bambous écrasés, vers la berge où le corps s'arrête à un arbre qui frémit sous le choc. La balle a dû perforer le crâne et atteindre le cerveau, car l'animal reste assis, abruti; il ne paraît pas bien se rendre compte de ce qui lui est arrivé. Trois de ses compagnons sont sortis des touffes voisines, hors de portée; ils s'éloignent vers la forêt voisine.

J'étais heureux; et Biskiti, poussait « des ah! ah! » de satisfaction et d'étonnement.

L'animal, dans de suprêmes efforts, cherchait en vain à se remettre debout; de ses défenses il labourait la terre, et de sa trompe il soulevait l'herbe et les pierres voisines.

Étant descendu au fond du marigot qui nous séparait de quelques mètres, je lui servis deux balles explosibles au défaut de l'épaule; et l'éléphant s'étendit sur le flanc, la trompe pendante et les défenses fixées en terre, pareilles à deux grands clous d'ivoire. Il était mort.

Il ne s'agissait plus maintenant que d'aller à la recherche d'un gué pas trop vaseux, afin de le rejoindre.

Ce ne fut pas bien long; et, après avoir traversé dans l'eau jusqu'au genou, je me rendis à l'arbre qui lui servait d'appui.

Il était bien mort. Au défaut de l'épaule s'étalait une large plaie d'où le sang, goutte à goutte, suintait encore; la tête portait un trou imperceptible où la baguette du fusil entra comme dans du beurre.

Détacher les défenses de ce beau mâle fut un travail de Romain; je dus l'abandonner pour le confier à mes porteurs qui ne tardèrent pas à arriver avec le palefrenier, car ils suivaient à petite distance. Les sabres et les couteaux firent merveille et dégagèrent deux superbes défenses dont le poids total s'élevait à cinquante-deux kilos.

Pendant que mes hommes les installaient et qu'ils taillaient des morceaux d'éléphant pour les manger, je regagnai le camp à cheval avec la satisfaction d'un homme vengé.

Biskiti, plus fier qu'un coq, me précédait à travers la brousse.

A mon arrivée, j'envoyai tout le reste des hommes à la viande.

Namouké me fit manger, le soir de l'éléphant en daube que je trouvai excellent.

Kita est le point le plus peuplé du Fouladougou. Il est habité par des Mallinkés. Les Pouls ont croisé avec eux dans le cours de leur migrations de l'est à l'ouest, à travers le Centre Afrique; ils ont parcouru tout le Soudan en traînant leurs troupeaux et le bœuf à bosse et en vivant sous des huttes de paille, — nomades, — du lait de leurs troupeaux et du mil ou du riz obtenus par échanges des aborigènes de la route; ils ont vécu à côté des occupants des pays traversés sans s'y mêler autrement qu'en donnant aux chefs et aux notables quelques femmes de leur race en mariage. Tout cela a modifié les traits de leur visage, éclairci les peaux et laissé quelques noms de famille et des mots de choses dans la langue qui s'est encore moins améliorée que les hommes. Les Pouls semblent être venus de l'Égypte postérieurement à la conquête romaine; car, dans leur langue harmonieuse, on retrouve des mots dont le radical est latin.

Les Mallinkés ont donc un tout petit peu de sang poul. Le pays de Kita a survécu à toutes les invasions, même à celle du terrible Oumar grand destructeur de peuples et mélangeur de races, grâce au voisinage du massif montagneux où les Kitankés ont trouvé, de tout temps, un refuge et des asiles inviolables sur leur montagne défendue par quelques travaux de défense. Au moment des guerres le superbe massif fournissait aux seize villages accroupis à ses pieds des rochers escarpés semés de grottes et de cavernes, où le grain et les diverses richesses étaient accumulés en sécurité; le cirque intérieur portait même des lougans permettant de ne pas y mourir de faim; et un bassin d'eau douce, marigot pendant les pluies et lac pendant la saison sèche, retenait une eau assez abondante pour tous les besoins.

Comme le pays de Kita et, en général, tout le Soudan sont fort insalubres et dangereux pour des Européens qui voudraient y faire un long séjour, j'eus l'idée, aux premiers temps de la conquête et pendant un long séjour au poste, d'édifier sur le massif, à l'abri du paludisme, un sanatorium destiné à diminuer les malades et la mortalité.

Ce projet fut exécuté en 1882. J'en profitai moi-même des premiers en m'y rétablissant rapidement d'une des plus graves atteintes du paludisme qu'il soit permis d'avoir : la fièvre bilieuse hématurique.

Pour fonder cet établissement je dus chercher un point d'une altitude suffisante, peu éloigné du poste, facilement accessible, situé sur un sol sec et à l'abri des vents d'est, ayant de l'eau potable à petite distance, ombragé, agrémenté de charmants horizons et protégé contre les émanations fébrigènes de la plaine par l'altitude et un rideau d'arbres.

Le massif de Kita appartient aux montagnes de quatrième ordre. Il a la forme d'un long quadrilatère orienté nord et sud. Au centre et à l'ouest, un grand entonnoir raviné recueille les eaux des versants intérieurs; et celles-ci se rendent dans un marigot coulant vers l'ouest qui les déverse un peu au nord du village de Fodébougou et de là au Backoy de Noya. C'est à l'extrême sud du massif que s'éleva le sanatorium de Kita, sur l'arête élargie qui forme un grand plateau dont l'altitude est de trois cents mètres au-dessus de la plaine et de six cent cinquante au-dessus de la mer.

La température s'y trouve inférieure de près de trois degrés à celle de la plaine.

Le sol est couvert de fines graminées qui poussent à travers un lit de petits cailloux ferrugineux où, de loin en loin, se trouvent des roches roulantes de moyenne grosseur. La partie centrale est presque nue; les arbres y sont rares. Tout autour, sur une pente douce qui s'arrête au sommet du troisième échelon de roches nues et à pic, sur une largeur de vingt mètres, se trouve une zone boisée, une véritable petite forêt; sous les arbres règne une grande fraîcheur et l'air est pur.

Par des trouées naturelles on voit, au sud, l'admirable panorama du bassin du Backoy et des montagnes du Birgo; au sud-est, plusieurs pics mamelonnés vers Mourgoula et Niagassola; à l'est, les montagnes de Bangassi; à l'ouest, les monts vers Baudogou et Goniokori; enfin, au nord, l'ensemble de tout le massif, l'entonnoir et un marigot et, par-dessus les crêtes, sur un plan éloigné, les montagnes du Kaarta.

Le sanatorium fut inauguré par le général Desbordes. Lorsque les gens de Kita, y virent flotter le pavillon, ils déclarèrent que les blancs étaient à jamais les maîtres du pays. Cela dérangea bien un peu leurs pratiques fétichistes; car Nama qui habitait la montagne, dut descendre pour se voir relégué dans une case, derrière le village de Makandianbougou.

Les noirs voyant que je m'y établissais à demeure augurèrent mal de moi; ils redoutaient quelque fâcheux événement pour ma personne, à l'instigation de Nama et de ses sorciers. Comme après un certain séjour le moribond que j'étais en redescendit si frais et si dispos qu'il put faire la colonne du Niger, les Kitankés me surnommèrent *doctorokourou* — médecin de la montagne — nom qu'ils m'avaient encore conservé en 1893, onze ans après.

Kita est la clé du pays entre Sénégal et Niger : c'est le point où convergent les principales routes du Soudan.

Au point de vue climatérique l'année est divisée en deux saisons bien distinctes de six mois chacune : l'*hivernage* et la *saison sèche*.

L'hivernage dure de mai à octobre. La température moyenne est de 27° 8. Les pluies fort abondantes règnent pendant près de cent jours et donnent au pluviomètre un mètre trente-cinq centimètres d'eau. On y compte environ 23 tornades sèches et 50 amenant de la pluie. Il y a plus de cent orages, et quels orages! Quels éclairs et quel tonnerre! Les vents règnent à l'ouest et le ciel est généralement couvert.

Le commencement et la fin de l'hivernage sont les moments les plus pénibles pour les Européens. C'est alors qu'il y a le plus grand nombre de malades et de décès.

Les noirs, au contraire, se portent à merveille.

La saison sèche s'étend de novembre à fin avril avec une température moyenne de 26 degrés et de grandes variations nycthémérales. Les vents règnent à l'est avec le *vent-docteur* qui dessèche les marécages.

Il y a peu d'orages, le ciel est clair et les nuits sont fraîches. Les Européens qui ne sont pas très affaiblis reprennent quelques forces. Les indigènes meurent beaucoup d'affections diverses occasionnées par le froid des nuits, malgré les feux allumés dans les cases.

J'ai vu le thermomètre descendre, le matin, à 2°,5 au-dessus de zéro en janvier et atteindre quelquefois 40° à l'ombre, à deux heures du soir, à la fin du mois de mars.

Comme les gens du Fouladougou, les Kitankés sont fixés au sol, et fort attachés à leurs villages. Ils s'adonnent aux cultures du maïs, du mil, des arachides, des patates, des niébés et du coton; dans de petits jardinets ils font pousser des oignons, de l'oseille, des courges et des calebasses. Les arbres à fruits sont rares en dehors du papayer et du baobab dont les fruits — pain de singe — et les feuilles sont utilisées dans la préparation du couscous. Il y a encore quelques figues, des prunes sauvages jaunes et le karité dont le fruit vert est comestible. Le karité dont les noirs tirent le beurre végétal est un arbre très répandu dans la région; il serait encore plus commun sans les incendies.

Les Mallinkés font la métallurgie du fer par la méthode catalane; ce minerai abonde dans tout le pays.

La chaux y fait entièrement défaut.

La famille se compose des hommes libres et des captifs de case qui sont des serfs fort contents de leur sort. Presque tous les esclaves qui ont reçu un titre de liberté sont revenus chez leur maître, chez leur *père*, comme ils le nomment.

En dehors, la caste des griotes.

Les griotes sont généralement plus habiles et bien plus intelligents que les autres noirs qu'ils dirigent souvent tout en étant fort méprisés et redoutés à cause de leur esprit de solidarité et de leur mauvaise langue. Celui qui ne leur fait pas de largesses est à plaindre, car il sera vite perdu de réputation à vingt lieues à la ronde.

Les griotes sont des parasites vivant aux dépens des populations qui les entourent. Ils sont divisés en quatre groupes : musiciens, tisserands, cordonniers et forgerons.

Les musiciens jouent du tam-tam, du balafon ou de la guitare; ils chantent les louanges des chefs et célèbrent les faits mémorables du pays. Ces troubadours président aux danses, aux décès, aux mariages et aux guerres. Après les combats, les vainqueurs leur laissent la vie sauve. Ils sont généralement riches en grain, en bijoux et en captifs.

Les tisserands travaillent la laine et le coton dont ils font des étoffes où l'on taille les boubous, les pagnes et les pantalons.

Les cordonniers préparent les peaux qu'ils colorent en jaune ou en rouge avec les plantes tinctoriales indigènes ; ils fabriquent les sandales qui protègent contre les épines de la route et les pantoufles dont les hommes et surtout les femmes ornent les extrémités de leurs orteils — suprême élégance.

Les forgerons se livrent à la métallurgie du fer; ils fabriquent des sabres, des couteaux, des pelles et des mors de bride.

Le chef d'une famille de griotes est attaché à un chef ou à un homme riche.

Les griotes se marient toujours entre eux. Un musicien ne peut avoir que la fille d'un musicien; mais les trois autres variétés se mêlent entre elles : un cordonnier peut épouser la fille d'un tisserand ou d'un forgeron et vice versa.

On naît et on meurt griote.

Il arrive souvent que les individus de cette caste n'exercent pas leur profession, mais ils ne quittent pas pour cela leur condition sociale qui, certes, est bien supérieure à celle des hommes libres et des captifs.

Malgré leur culte pour les fétiches, les Mallinkés ont les coutumes des musulmans. Ils n'envisagent pas une vie nouvelle après la mort et ils n'ont qu'une vague idée du surnaturel.

Leur religion est celle de Nama, s'il est permis de lui donner ce nom. Nama, l'esprit du mal, reçoit des offrandes consistant en mil et poulets blancs. La poule noire suspendue à un arbre, à l'entrée d'un village, porte malheur ; un morceau de pain de karité ou une vieille calebasse de couscous suspendus près des lougans amènent la chance. Les poulets blancs offerts à Nama sont saignés.

Certains noirs — des griotes généralement — *font Nama*. Avant les semailles et après la moisson, le griote s'affuble d'accoutrements divers, se couvre de guenilles et sort de la case vouée à Nama pour courir à travers le village, la nuit; il pousse de grands cris. Malheur à qui l'aperçoit! il ne tarde pas à mourir. Afin d'entretenir cette croyance, le griote astucieux qui gagne au métier de nombreuses offrandes qu'il consomme en famille, a soin de couvrir le toit de *la case* sacrée des vieux pagnes, des boubous et des calottes des hommes et des femmes trépassés pour avoir vu Nama. Aussi quelle crainte! Lorsque le noir passe près de *la case*, il détourne la tête.

Depuis plusieurs années, des missionnaires catholiques cherchent à répandre l'Évangile parmi les Mallinkés fétichistes; ils n'ont obtenu jusqu'ici que de très maigres résultats. Le culte et ses pompes plaisent fort à la nature du noir, mais ce qui empêchera toujours la religion du Christ de s'implanter dans le pays, c'est la polygamie : un dogme.

Pour ce motif, j'ai vu des noirs convertis à l'Évangile dès l'enfance, embrasser, à la virilité, la religion de Mahomet.

Grâce à la sécurité que notre présence procure, l'Islam fait des pas de géant au Soudan comme dans toute l'Afrique. Cela est bien regrettable et menaçant pour l'avenir, car les marabouts y prêchent déjà, de tous côtés, les idées de panislamisme.

Les missionnaires de Mahomet abondent. A peine un village est-il fondé que vous voyez un marabout — maure ou toucouleur — apparaître, le Coran sous le bras, l'aiguière à la main; il est suivi d'un jeune esclave — un marabout de demain — qui, sur sa tête, porte le petit bagage. Il arrive, poches et ventre vides; il s'installe, on le tolère avec peine; mais il se tient à l'écart, fort humble.

Le dolo — cette bière de mil germé — continue à être bue journellement en des bruyantes assemblées.

Le saint homme vit d'un peu de couscous offert par les femmes qui, au Soudan comme ailleurs, sont fort charitables. Matin et soir, à l'écart, il appelle au salam comme dans une ville sainte. Il fabrique des grisgris avec des versets du Coran; il les donne aux femmes contre rémunération. Peu à peu la confiance s'établit, la glace se rompt et l'on cause avec cet homme qui pue la sainteté et que l'on méprisait. Au bout de quelque temps deux ou trois habitants du village se placent derrière lui, au moment de la prière : c'est la tache d'huile, et les conversions abondent.

Le marabout a toujours bien soin de tolérer le dolo et de ne pas se butter à une institution chère aux Mallinkés, car il risquerait fort, dès le début, de tout gâter. Il a mis six mois ou un an pour arriver à ce résultat : le temps n'est rien pour un noir. Déjà quelques fidèles connaissent la prière et les pratiques grossières du Coran. Il n'en demande pas d'avantage et il va s'installer ailleurs pour recommencer. De la morale du Coran il n'en faut pas parler, car le marabout lui-même l'ignore presque toujours. Toute sa science se borne à un peu d'écriture, à la lecture du livre, au salam, et à des pratiques, comme de se laver avec du sable pour faire les ablutions prescrites.

L'Islam se répand ainsi et c'est à regretter. Le fait d'avoir renvoyé dans ce pays ses anciens habitants devenus musulmans ajoute encore au mal; et bientôt tout le Fouladougou sera inféodé à l'Islam.

Lorsqu'un monde — religion, race et langue — nous séparera à jamais des habitants du Soudan, quel sera notre moyen d'influence en dehors de la force? Or, la force n'a jamais été nulle part un système de domination durable. Que faire donc et où trouver désormais des points de contact entre les vainqueurs et les vaincus? Il faudra insister sur les croisements et répandre notre langue de tous côtés par les écoles. Il restera toujours la religion du Prophète qui, par des préceptes bien établis, fera toujours d'un musulman l'enemi d'un blanc, qui est un chrétien pour les noirs.

Les Mallinkés habitent généralement des villages dépourvus de tata. Les cases sont rondes, en banco; les toits coniques sont en paille; et la porte sert de fenêtre. On y trouve de nombreuses poules, petites et hautes sur pattes. Les chevaux sont rares et vivent mal. Avant la dernière épizootie les bœufs et les chèvres étaient communs. Dans tout le pays on rencontre des antilopes, des gazelles, des singes cynocéphales, des perroquets-youyou, des pigeons sauvages, des merles métalliques, des pies, des éperviers, des rats palmistes, des tortues, une variété de gros escargots comestibles, des lièvres, des boas, des trigonocéphales, le sanglier, l'hyène, le chacal, la girafe, l'éléphant, la panthère, le chat-tigre, la pintade, la caille et la perdrix. Les tourterelles fort communes sont de différentes tailles et variétés ; abondent aussi les petits oiseaux.

Cette région est, en un mot, le plus admirable pays de chasse qui soit au monde.

Aux premiers temps de la conquête les girafes se signalèrent par des déprédations qui faisaient le désespoir des télégraphistes indigènes. Comme on sait, le Soudan est couvert par un long réseau télégraphique qui de Kankan et de Ségou par Kita, et de Nioro par Badoumbé, relie l'extrême Soudan à Kayes et à Saint-Louis. Les fils placés à la hâte et à la suite des colonnes sur les arbres de la route tiraient de ces poteaux vivants une grande résistance contre la violence des tornades. Malgré tout, les surveillants de la ligne de Kita à Bammako constataient des interruptions ou bien trouvaient les fils par terre, détachés des arbres. On attribuait cela à d'hypothétiques dispositions malveillantes des habitants qui se seraient bien gardés d'y toucher dans la crainte d'attraper un sort, car *fil de fer*, — comme ils le nomment — devait bien être quelque Nama des blancs. On réparait la ligne et quelques jours après, sans tornades, le fil gisait de nouveau par terre. Une enquête était faite : rien. Les gens à figure rébarbartive étaient l'objet d'une surveillance ainsi que les dioulas : rien encore. Les surveillants s'en arrachaient les cheveux, car chaque nouvelle interruption inexpliquée correspondait à quelques jours de suppression de solde. Enfin un beau jour on trouva le corps du délit : une belle girafe le cou entouré de fil de fer, étranglée; dans ses courses aux pâturages la malheureuse avait négligé de baisser la tête pour passer et le fil avait été jeté à terre si maladroitement qu'elle n'avait pas pu s'en dépêtrer.

Et les surveillants de se frapper les cuisses en répétant leur *ananké!* Découvert le pot aux roses! les girafes qui renversaient la ligne avec leurs longs cous leur faisaient supprimer des jours de solde! La victime du *fil de fer* leur donna une abondante nourriture pendant le temps que durèrent les réparations. Le fil fut placé plus haut sur les arbres; et le cou de la girafe, muni du lacet fatal, fut présenté à l'employé de Koundou qui dut rembourser les journées de solde indûment retenues.

Depuis cette aventure les lignes fonctionnent assez bien et les girafes circulent librement sous les fils.

Il est rare aujourd'hui qu'on signale à Kayes : « ligne interrompue par les girafes ».

La vigne du Soudan est commune dans le pays. Pendant toute la saison sèche elle disparaît de la surface du sol et concentre sa vie dans une courte tige tubéreuse; elle ne se montre qu'aux premières pluies en émettant ses sarments et en laissant pousser ses raisins formés de deux, trois et quatre grains. Si les nombreux petits oiseaux ne les dévorent pas, on peut en faire un vin inférieur, noir comme de l'encre. Le greffage permet d'espérer une amélioration de cette espèce résistante.

Les trigonocéphales sont peu communs; ils ne sont dangereux que lorsque, par mégarde, on vient à marcher dessus.

Les biches sont fort jolies. Pendant mon séjour au poste, j'en possédais une toute petite qui m'était fort attachée; mais elle était si méchante pour les étrangers que je dus lui faire visser à l'extrémité de ses petites cornes deux boules d'ébène qui la rendirent inoffensive. Un jour, chassée par des chiens, elle sauta du premier étage dans la cour et se cassa les quatre membres fragiles comme du verre. On dut l'abattre.

Kita est le centre d'un grand marché du Soudan. Quelques Européens ont fondé des maisons de commerce d'où l'on écoule vers l'intérieur quelques marchandises françaises. Les populations sont pauvres et clair-semées.

CHAPITRE VIII.

CHASSES SUR LE BAOULÉ.

Tam-tam de Koundou. — Suleyman et Toumané Diakité. — Les chasseurs Bambaras du Bélédougou. — Chasse à courre. — Chasse à la girafe. — Chasse à l'éléphant. — Les chiens jaunes. — La propriété.

Un des plus beaux pays de chasse est celui du Baoulé de Koundou. Cette région giboyeuse est couverte de forêts et de montagnes élevées où prennent leurs sources les nombreux marigots qui vont se jeter dans cette rivière, branche importante du Bàckoy. A l'époque de la conquête d'El hadj Oumar tous les villages furent pris et brûlés; les populations qui ne cherchèrent pas le salut dans la fuite, furent massacrées ou entraînées vers le Niger pour y faire partie de l'armée du conquérant ou être vendues comme esclaves. L'absence de l'homme a attiré les fauves et un nombreux gibier vivant dans la sécurité du désert, car les animaux peuvent se chasser entre eux ou paître les savoureux pâturages poussant sur les montagnes et à travers les plaines. Les biches, les kobas, le bœuf sauvage, l'éléphant, les girafes, le lion et le sanglier — pour ne citer que les plus gros — ont fait de ce ce pays leur séjour de prédilection.

Mon quartier général de chasse fut établi sur le Baoulé, au petit village de Koundou, à l'extrême sud du Bélédougou qui s'étend de la rive droite de la rivière, au nord vers les approches du Sahara.

Koundou offre certaines ressources et, à quelques mètres du village, un grand figuier où peut se mettre à l'ombre un demi-bataillon. C'est sous ce bel arbre — mon ambulance de 1883, après Daba — que j'installai le campement. Les gens du village qui avaient conservé mon souvenir me reçurent comme un vieil ami.

L'ancien chef, Suleyman, grand buveur de dolo devant l'Éternel, était mort depuis deux ans; son frère, vieillard à grande barbe blanche, aveugle, lui avait succédé; mais ses infirmités l'obligeaient de confier à son neveu Toumané Diakité le soin de remplir les fonctions de chef.

Toumané me reçut avec les attentions de son père, dont l'usage immodéré du dolo avait abrégé les jours; il m'invita à visiter la tombe de Suleyman qu'il avait pieusement établie devant la porte de sa case où s'élevait un petit tumulus recouvert de quelques pierres, de morceaux de calebasses et d'épines. Les femmes, les enfants et les captifs de sa case me furent présentés avec de grandes démonstrations d'amitié. Les noirs de ce pays sont fort tranquilles; ils se livrent en paix aux travaux de l'agriculture d'où ils tirent la subsistance; ils nous sont très attachés. La civilisation a fait des progrès manifestes.

A chaque membre de la famille c'étaient des « Anisè, doctoro! »

— M'ba! anisè! leur répondais-je.

Et Biskiti distribuait à la ronde une bouteille de tafia. C'étaient alors des œufs et des poules blanches qu'on me donnait en signe de bienvenue. De mon côté je fis une large distribution de kolas portés dans cette intention. Les habitants du village, hommes et femmes, formaient le cercle, les mains étendues, grouillants. Toumané me raconta les derniers moments de son père avec un attendrissement que je n'avais jamais vu chez un noir. Sa famille porte le nom de Diakité, célèbre chez les Pouls. Un tam-tam solennel fut décidé pour le soir même; et les ordres furent donnés aux griotes qui se répandirent aussitôt dans le village en hurlant l'invitation du chef de village, car il est d'usage, comme pour nos soirées de gala, de prévenir à temps les femmes afin qu'elles puissent peigner leurs cheveux et préparer les colliers et les costumes de danse. Alors c'est un lavage général des corps à grande eau; les mèches de cheveux sont défaites, puis tressées et bien beurées; les verroteries sont enfilées dans des cordes pour former les colliers ou les bracelets portés aux bras ou aux chevilles; les pagnes les plus beaux, les ceintures les plus soignées sont retirés des vieilles peaux de bouc, réceptacle des objets précieux.

Le soir, vers huit heures, tout le village se trouva réuni sur la place principale. Comme la nuit était sans lune, près d'un grand feu des enfants préparaient des torches en paille. On formait autour un grand cercle avec les femmes devant et les hommes derrière, debout; en bordure, en avant, les enfants assis sur le sable. Je pris place, entouré du chef, de Toumané et de leurs familles; en face, les danseuses de profession et à côté, en deux camps, les joueurs de balafon et les flûtistes bambaras.

Déjà les griotes préludent à la danse en jouant, sur ma demande, la chanson de guerre de Suleyman, chantée par toutes les femmes, qui s'accompagnent en battant des mains en cadence et en portant la tête en avant.

Deux captives de case posent devant nous une immense jarre de dolo avec quelques petites calebasses, les verres.

Toumané m'en offre une coupe.

— Anisé! dis-je en la buvant.

— M'ba! anisé! me répond-il en portant la sienne à ses lèvres.

Les deux coupes à peine entamées circulent à la ronde.

Enfin, aux cris des griotes et au *glou...ou... ou...* de leurs femmes, les danses commencent. D'abord les jeunes fillettes s'avancent à la lueur des torches en piquant sur les talons un pas assez gentil; leurs bras sont tenus à hauteur des épaules et la tête exécute des mouvements en avant. Le bruit des talons résonnant sur le sol est encore doublé par celui des gros bracelets d'argent portés aux chevilles. Enfin elles esquissent une gracieuse génuflexion avant de regagner leur place en courant.

Alors les danseuses de profession — des griotes — exécutent des pas d'épileptique; leurs corps sont ruisselants de sueur; elles se trémoussent et les lanières rouges de leur ceinture frétillent en faisant ballon, ce qui les fait ressembler à des danseuses du corps de ballet. Cette danse qui affecte un large caractère de provocation ne saurait se décrire d'une manière complète.

Les jeunes filles, à leur tour, exécutent divers pas, pleins de souplesse et de grâce sauvage.

Les flûtes se livrent à leurs modulations monotones; et les bambaras dansent leurs pas, formés de bonds démesurés, accompagnés de cris, sans grande règle.

Le grand cercle s'est rétréci de plus en plus sous la poussée générale; les petits enfants — les curieux — gênent déjà les danseurs. Pour l'élargir, deux hommes vigoureux font semblant de taper sur les pieds à la ronde, à l'aide de quelques menues branches qui soulèvent un nuage de poussière. Et comme un grand anneau qu'on dilate le cercle revient à ses premières limites.

On est obligé d'en faire autant après chaque danse.

Je pris le sabre de Toumané, et je le jetai au milieu comme invite à la danse du sabre. Aussitôt, pendant le vacarme infernal des griotes qui ruissèlent sur les balafons et les flûtes, un danseur sort des rangs en rugissant; il prend le sabre, le rejette à ses pieds et se met en devoir d'exécuter un pas guerrier. Alors le sabre en main, il rase les premiers rangs qui s'éloignent lorsqu'il fait le simulacre de dégainer. Le tapage augmente et les torches éclairent la scène d'une grande clarté; les griotes, de leurs hurlements rauques, excitent le danseur qui se met de plus en plus dans son rôle; il dégaine et, le sabre haut, va au centre où il exécute les moulinets les plus fantaisistes, autour du cou et le long de son corps; il se précipite sur un spectateur impassible qu'il menace en lançant, à droite et à gauche, des coups inoffensifs; enfin il tient un ennemi vaincu à ses pieds; il rugit, l'œil en feu et le corps couvert de sueur; il pousse un grand cri et il fait le simulacre de trancher une tête. C'est la fin. Le sabre est lancé aux pieds d'un autre qui recommence un semblable exercice sous l'admiration recueillie des femmes qui ne perdent pas de vue un seul mouvement.

Les jeunes filles, bonnes à marier, viennent à leur tour danser fort gracieusement; elles portent à la main un pagne qu'elles jettent, en finissant, à la tête de leurs amoureux qui s'empressent de le ramasser.

Tout cela dure une bonne partie de la nuit. Comme je désirais faire une chasse à courre le lendemain, je me retirai de bonne heure sous mon arbre.

A l'aube, trente chasseurs du Bélédougou viennent me trouver.

Ces bambaras de taille élancée portaient la calotte jaune d'évêque sur la tête; ils étaient vêtus du costume de chasse avec le fusil sur l'épaule, le canon dans la main droite. Ils étaient à chasser la girafe, vers Daba, lorsqu'un des leurs tomba subitement malade. Comme les nouvelles se répandent avec une extrême célérité, ils avaient déjà appris ma présence à Koundou et, en toute hâte, ils m'apportaient l'homme sur une civière faite de branches et portée sur la tête. Cela m'expliqua vite leur présence à une heure si matinale. Saint Hubert m'offrait l'occasion de faire une bonne partie de chasse avec des écumeurs de brousse, rompus au métier, connaissant le terrain et les repaires du gibier comme pas un. Je fus très heureux de cette aventure. Le malade était atteint d'une hernie étranglée nécessitant l'opération immédiate, seule capable de le sauver; et je l'exécutai, au jour, sous l'arbre de Koundou qui avait été témoin, dix ans avant, d'opérations bien plus graves.

Cela fait, je déclarai aux chasseurs que nous

allions laisser l'opéré au village, où les soins lui seraient donnés selon mes instructions, pendant qu'ensemble nous irions faire la grande chasse. Tous acceptèrent ce projet avec plaisir. On convint de partir le soir même et le malade devait être repris au retour. Ainsi fut fait.

Toumané m'accompagna à cheval. Mes hommes et mon bagage furent laissés au village, sauf deux porteurs chargés de vivres, Biskiti et Namouké.

Le soir, nous passâmes le Baoulé sur la route de Bammako, et on alla camper au sud-est de Daba, sur la rive droite de la rivière et sous les arbres d'une forêt que j'eus soin de faire débroussailler dans un rayon de cinquante mètres. Après avoir pris un bain à la lueur de torches, je regagnai le campement. La soirée se passa en causeries de chasse avec les Bambaras qui s'étaient groupés autour de grands feux établis dans le voisinage de mon hamac. Ces nuits dans la brousse ne sont pas dénuées de charme, grâce au calme de ces solitudes, troublé seulement par un léger bruissement des cimes sous la brise de nuit et par les frôlements, sur les feuilles sèches, des fauves qui viennent, à bonne distance, contempler les feux; il s'en dégage un charme intense et inexprimable qui va au cœur.

Les Bambaras me déclarèrent que, dans les environs, en remontant le cours du Baoulé, nous ne manquerions pas de rencontrer kobas, girafes et éléphants. Ciré, un des plus intelligents de la bande, me conta que les girafes étaient très timides, peureuses même et qu'on devait, pour les approcher, se tenir sous le vent sans quoi elles détalaient en une course folle.

— Pourquoi chassez-vous la girafe? est-ce pour la manger?

— Oui, répondit Ciré. La girafe est bien bonne à manger pour nous. On en prend rarement, mais lorsque cela arrive, c'est un grand régal pour nos villages. La peau est, de plus, l'objet d'un certain commerce : elle sert à faire des grisgris que l'on vend contre de nombreux cauris aux Dioulas qui passent à Bammako.

Je savais, en effet, que dans le sud on en prépare des amulettes qu'on vend à un prix d'autant plus élevé que le verset du Coran que la peau de girafe enveloppe émane d'un marabout plus ou moins pourri de sainteté.

— As-tu chassé le lion?

— Non, jamais, répondit-il. Le lion *mambèté!* — mauvais. — Mais comme nous ne chassons que pendant le jour, on ne le rencontre guère, car il ne sort que la nuit pour guetter kobas et girafes qu'il extermine en nombre. Pendant le jour, le lion se retire dans les rochers des montagnes.

Je lui demandai encore s'il allait quelquefois en maraude dans les villages.

— Non, reprit-il; le lion ne va guère du côté des villages. Il lui arrive bien quelquefois d'enlever, le soir, quelque mouton d'un troupeau rentrant des pâturages, mais c'est bien rare.

— Veux-tu que nous chassions le lion?

Après avoir pris conseil sur la physionomie de ses camarades que pareille chose ne semblait pas séduire, il ajouta :

— Non. Nous, Bambaras, ne connaissons que la chasse des kobas, des girafes et des éléphants.

Dans cette contrée les girafes sont assez communes. Elles vivent par groupes de huit ou dix têtes, petites et grandes; elles pratiquent dans les forêts des sentes particulières qui signalent leur présence dans un rayon considérable. Pour le chasseur l'examen des différentes foulées et sentes a une grande importance. C'est de leur étude approfondie que l'on apprend à quelle espèce de bêtes l'on a affaire; on en déduit la direction prise et l'heure approximative du passage.

La direction est donnée par celle des pieds, l'heure par la fraîcheur des empreintes et l'état de plus ou moins grande siccité des fientes et des herbes foulées. Les sentes parlantes sont donc d'un grand secours aux chasseurs.

Dès le petit jour, après une nuit des plus calmes, le camp levé, nous descendîmes le cours du Baoulé, à petite distance de la rive. Les Bambaras, déployés sur une ligne de quinze cents mètres, reçurent mission de rabattre le gibier vers la rivière où je me tenais, marchant à cheval avec Toumané, la carabine en travers sur l'avant de la selle, les brides amarrées à une boucle destinée à cet usage. Nous allions ainsi au petit pas à travers les hautes herbes desséchées en haut, vertes et humides de rosée au ras du sol. Ici, des branches d'arbres nous obligeaient à nous baisser sur les selles pour pouvoir passer; là, des épines nous labouraient les cuisses, enlevant un lambeau de pantalon et écornant les housseaux vernis où elles se marquaient en lignes blanches irrégulières. Tantôt, en terrain nu, les pieds des chevaux s'enfonçaient dans le sable ou la terre détrempée; tantôt des rochers ou des cailloux ferrugineux usant la corne de leurs sabots vierges de fers les obligeaient à plier leurs genoux, sous une forte douleur. Certes les chasses du Soudan ne sont pas semblables à nos chevauchées d'Europe sur de bons terrains, mais cela en fait peut-être le charme qui grandit toujours avec les difficultés.

Un coup de feu tiré à l'extrême droite m'avertit d'avoir à veiller. En effet, au bout d'un instant, je vis déboucher un troupeau de kobas détalant vers une zone boisée que l'on voyait au loin devant nous. A chaque bond des antilopes, de grandes cornes noires se dessinaient par-dessus la brousse; bien ramenées, elles paraissaient vouloir couper ma route à environ deux cents mètres.

Je dis à Toumané qu'il se tint prêt à charger. En effet, autant sous l'impulsion des aides que par la stimulation produite par la vue du gibier, nos chevaux partirent au galop de chasse vers les kobas surpris, qui changèrent un peu leur direction et leurs allures.

Hormis le danger de tomber dans un trou par mégarde, j'étais bien rassuré sur la solidité des jambes de mon cheval, fort habitué à ce genre d'exercice qu'il prisait beaucoup, peut-être autant que son cavalier. Cette chevauchée en terrain difficile était assez pénible; mais quel plaisir de se sentir, en une course folle, à la poursuite de si beaux kobas! Nous les gagnons de vitesse dès les premiers moments de la surprise et cela nous permet de les serrer de fort près. Au loin, les Bambaras se montrent resserrant le cercle, à quatre-vingts mètres; sans modérer nos allures complètement libres, nous faisons feu sur un groupe de trois antilopes qui nous offrent un joli champ de mire : deux semblent touchées. Aux coups de feu, piquées par les balles et effrayées par le bruit, elles augmentent de vitesse et se mettent en peu de temps hors de portée. Nous les saluons encore de nos feux. Un koba est tombé sur le train postérieur, la cuisse fracassée, et ne peut plus marcher; un deuxième, bien touché aussi, ralentit visiblement sa marche.

Les chevaux s'arrêtent au premier animal que je tire à la tête avec mon revolver. Le koba faisait front, l'œil en feu, la bouche pleine d'écume, les cornes longues en bataille; il tomba sur le flanc, le crâne fendu.

Les Bambaras suivent le second blessé qui a dû tomber ou s'arrêter non loin de nous. A peine avais-je fait trois cents mètres dans sa direction que nous le trouvons appuyé à un gros arbre; d'une balle au flanc le sang dégoutte sur sa robe rouge brique où il se fige; une respiration saccadée indique une mort prochaine. Trois hommes l'abordent à l'abri du tronc d'arbre et se précipitent aux cornes si longues qu'en un tour de main l'animal est à terre où on lui lie les pattes avec des écorces fraîches.

Le reste du troupeau, toujours fuyant, a dû modifier sa marche à la rencontre d'un marigot qu'il est obligé de remonter sur une étendue de mille mètres pour le passer à sec. Mais il avait compté sans les hommes de l'extrême droite qui, à le voir détaler, s'étaient postés et embusqués dans les hautes herbes près du point guéable du marigot. Comme la connaissance du terrain le leur avait fait prévoir, le troupeau y passa en désordre. Tous les hommes firent feu dessus sans résultat appréciable, car les noirs, avec leurs mauvais fusils à pierre, ne tirent passablement qu'au posé. La vitesse des kobas les avait complètement déroutés et si, contrairement à leurs habitudes, ils avaient tiré, c'était un peu pour faire comme nous et aussi parce qu'ils savaient que la bonne poudre du toubabo ne leur manquerait pas.

Après m'être rendu compte, sur le terrain, de la manœuvre intelligente des Bambaras, je revins au deuxième koba qui était pantelant. Il fut servi au couteau planté au cœur.

Il était dix heures à ma montre et le soleil piquait déjà bien. Comme hommes et chevaux étaient harassés de fatigue pour avoir chassé en pareil terrain, je dus camper sur place où un bouquet de bois et le voisinage de l'eau m'invitaient. Vite les Bambaras se dépêchèrent, aidés de leurs couteaux et de quelques sabres d'abatis, de me construire un grand gourbi confortable devant bien me protéger contre les ardeurs du soleil jusqu'au soir, car j'étais bien décidé à continuer la chasse, le jour même, après la sieste.

La situation était bonne : une eau abondante, de l'ombre et deux superbes kobas comme viande fraîche.

Les chevaux étaient en nage; on dut les frictionner à l'aide de torchis d'herbe sèche par tout le corps : un vrai massage que les palefreniers terminèrent par de douces pressions de la main sur les côtés de la colonne vertébrale, en insistant à la place de la selle. A la pression les bonnes bêtes pliaient comme des roseaux sous la brise. Les palefreniers indigènes usent beaucoup de cette pratique qui est fort louable.

J'avais moi-même les reins brisés par cette course échevelée; je dus me rendre à la rivière pour y prendre un bain en plein courant, le corps étalé sur un sable très fin. Cela fait, je me mis aux mains de Biskiti, homme fort habile au massage fort répandu parmi les noirs.

Alors, complètement remis de ma fatigue et muni d'un appétit d'enfer, je me mis à table en tête à tête avec un filet d'antilope que Namouké venait de rôtir à la broche de la brousse, c'est-à-dire au bout d'un bambou pointu. Du riz cuit à l'eau et du café me fournirent le complément d'un bon déjeuner de chasseur. Puis, je m'étendis sur mon hamac, où je dormis jusqu'à deux heures de l'après-midi. Mes hommes, couchés sur l'herbe, le ventre plein et la tête au soleil, dans la béatitude la plus complète, dormaient encore à poings fermés. Devant les restes verts de leur déjeuner les chevaux étaient somnolents.

Je donnai l'ordre de se préparer pour la chasse. Tous les dormeurs se réveillèrent en bâillant ou en s'étirant les membres comme pour donner un peu de jeu aux jointures endolories. Les chevaux burent à la rivière et reçurent leurs rations de mil dans la musette qu'on leur suspendit sur le front. Pendant ce temps on porta sur une haute branche le koba entier et tout ce qui restait de l'autre après avoir recouvert cette viande d'herbes et de feuilles vertes dans le but de la protéger contre les mouches et les vautours voraces.

A trois heures, les chevaux sellés et le petit bagage serré et mis sur la tête des porteurs, nous continuons à remonter à l'ouest, dans la direction du matin.

Ciré m'avait promis de me conduire sur un terrain où nous devions, selon toute probabilité, trouver quelques girafes. D'après le point où il avait placé le soleil sur l'horizon lorsque nous arriverions, j'en avais conclu qu'une bonne heure de marche était nécessaire. Telle est l'habitude des noirs pour indiquer les distances. C'était aux petites montagnes que l'on voyait au loin devant nous. On marcha au pas sans prendre de dispositions et sans attacher la moindre attention aux pintades et aux gazelles qui partaient sous nos yeux, de temps à autre.

Tu crois donc, que nous aurons ce soir de la bonne peau de girafe pour nous faire des grisgris? dis-je à Ciré, en riant.

— Nous en aurons, s'il plaît à Dieu! me répondit le Bambara du Bélédougou, qui se piquait d'une vague teinture de Coran.

Et nous allions sous un ardent soleil au milieu des noirs, toujours silencieux en marche et en chasse. Enfin nous voilà rendus aux lieux indiqués, très boisés, avec quelques roches par-ci par-là. Je mis pied à terre. Nous sommes à l'entrée d'un vallon bordé devant nous, à droite et à gauche, par des montagnes qui paraissent circonscrire une grande clairière avec de hautes herbes. Lorsque Ciré m'eut donné toutes les explications désirables et que j'eus bien compris le terrain, je recommandai aux hommes de ne pas bouger de place pendant une bonne demi-heure qui était le temps nécessaire pour nous rendre sous bois à la gorge opposée, où le gibier ne manquerait pas de venir défiler dès que les hommes et les chevaux couvrant l'entrée du vallon viendraient, en convergeant, du côté du défilé où Toumané, Ciré et moi allions nous rendre et nous poster. Dès que les rôles furent distribués, nous partîmes à travers bois ; et, après une course pénible et un long détour, n'ayant rien vu, rien entendu, nous nous embusquons tous les trois dans un gros buisson enchevêtré d'épines et d'herbe et nous prenons soin de recouvrir nos têtes de feuilles vertes afin de mieux dissimuler notre présence. Devant nous se trouve une immense étendue, une clairière semée d'arbres rares et couverte de hautes herbes de plus de deux mètres. Nous étions là depuis déjà assez longtemps si j'en jugeais par mon impatience — un grand défaut pour un chasseur — surveillant le terrain sans rien voir, sans rien entendre. Je me livrais à mille suppositions plus ou moins fausses : — peut-être que les hommes s'étaient endormis? — peut-être égarés? — qui pouvait savoir? Deux fois déjà, j'avais bu à ma gourde un mélange tiède de café et d'eau. Toumané, qui manquait de feu sacré, avait déjà reçu sur les doigts pour avoir voulu bourrer sa pipe, l'imprudent! on doit bien se garder de fumer dans ces circonstances. C'est déjà beaucoup trop de posséder l'odeur naturelle à chaque race d'hommes, que les bêtes, à l'odorat subtil, perçoivent quelquefois à grande distance. Heureusement encore il ne soufflait pas un atome de brise; pas une feuille, pas un brin d'herbe ne remuait; seuls, de petits moucherons noirs jouaient autour des épis de graminées sauvages qui nous entouraient. Que celui qui n'a jamais eu de ces énervements étant en chasse me jette la première pierre, s'il l'ose!

Enfin, au loin, bien loin dans la brousse, des branches ont remué. Déjà quelques points noirs se dessinent au-dessus des hautes herbes. Ciré, qui observait attentivement l'horizon, me dit, joyeux :

— Attention ! voilà les girafes.

J'expliquai en quelques mots que l'on tirerait à mon signal. Ce fut entendu.

Déjà les points noirs sont plus distincts et des têtes de girafe apparaissent : elles sont sept marchant tranquillement, à la file indienne, sur une sente; on ne voit que la tête et une petite partie du cou émergeant au-dessus de la brousse.

— Lorsque le moment sera venu, nous tirerons tous au commandement sur le premier animal ; tu entends bien, Diakité? dis-je à Toumané pour l'exciter à bien faire.

Diakité! l'évocation de tout un monde d'ancêtres pasteurs!

Les girafes s'étaient arrêtées pour regarder et écouter en arrière, du côté des rabatteurs marchant lentement dans la forêt.

J'étais sur des charbons! — Pourvu que mes satanés Bambaras aient tenu compte de mes recommandations et qu'ils aient pris le soin de bien couvrir le terrain! — Les girafes vont-elles prendre une autre direction? Autant de pensées inquiétantes qui se pressaient dans mon esprit. Ce qui me rassurait un peu, c'était de ne pas voir encore l'ombre d'un homme à l'horizon. Au premier bruit entendu les girafes avaient dû s'éloigner à leur douce allure, qui laissait supposer les rabatteurs bien loin encore.

Après avoir marché dans notre direction, nouvel arrêt et aux écoutes. Déjà les longs cous se sont dégagés et l'on voit même une partie du corps avec cette belle robe à carreaux qui fait notre admiration. Pendant que les unes observent l'horizon, d'autres broutent l'herbe du sol en y plongeant la tête, semblables à de grands échassiers en pêche sur le bord d'un fleuve. Au loin, quelques touffes remuèrent : c'étaient les Bambaras. Alors le troupeau se remet en marche, au pas pressé et se dirige sur le col, de notre côté. L'ennemi de derrière était éventé, et les girafes filaient à l'opposite sans trop se presser et sans paraître se douter du danger bien plus grand qui les attendait devant elles; tant est grande chez la girafe, animal doux et simple d'esprit, l'idée fixe cristallisée ! Elles avançaient vers nous au grand pas, comme des personnes que la nuit menace, fières et superbes, portant la tête haute. Ce n'était certes pas à brouter les palmiers de la région que les cous s'étaient si démesurément allongés comme l'ont cru les grands naturalistes du passé qui vivent encore de la poussière accumulée sur leurs livres. O Pline, tu les avais vus de bien loin, ces doux et timides ruminants !

Un regard suffit pour dire : En garde ! joue ! feu !

Une triple détonation retentit répétée mille fois par les montagnes d'alentour. La girafe tête de file, tirée à trente mètres, roulait à terre, la tête sur le sol comme un grand balancier d'horloge, inerte. Les six dernières obliquèrent à droite et, affolées, s'éloignèrent à une vive allure avec un grand frémissement d'herbes et d'arbres qui s'abattaient sous la foulée puissante. Sans bouger, je suivis quelque temps ces longs cous jusqu'à ce que des arbres les eussent masqués.

Quelques coups de feu leur furent tirés par les Bambaras pour les saluer et sans viser, selon l'habitude.

Je me rendis à côté de la girafe gisant sur l'herbe où, à l'aide de quelques secousses convulsives, elle s'était frayé un grand lit pour en faire son cerceuil.

Tout le monde arriva. On l'aurait crue morte si quelques légers mouvements des membres n'avaient indiqué l'agonie.

Je lui posai le pied sur la tête. Rien ne bougea : morte !

Il serait difficile de décrire le plaisir éprouvé par le chasseur en telle occurrence. *Ça se sent!*

L'animal était superbe.

Ciré, selon l'usage, lui sauta sur le ventre pour exécuter *le pas de la girafe*. Je dus le faire descendre, tant me parut choquant le fait d'insulter le cadavre d'un si noble animal.

Le soleil était déjà bas sur l'horizon, et il fallait prestement enlever la dépouille, si belle et si recherchée, afin d'arriver avant la nuit à un marigot qui pût nous fournir de l'eau courante, chose assez rare durant la saison sèche, où elle est souvent croupissante et pleine de sangsues. Aussitôt, comme une nuée de corbeaux, les hommes tirent les couteaux des gaines qu'ils portent à la ceinture et s'apprêtent à enlever la dépouille. Je fis éloigner les chevaux, qui ne cessaient de renifler l'animal.

On commença, mais ce fut long. Enfin la peau roulée fut placée sur un grand bambou porté à deux hommes et nous nous éloignâmes — non sans avoir emporté une belle provision de viande — par une sente de girafes qui, en toute assurance, devait nous conduire à l'eau; et nous la trouvâmes après avoir parcouru la sente pendant plus de trois kilomètres en excellent chemin, bien battu, mais de direction assez tortueuse, ce qui — soit dit en passant — semble indiquer que les girafes n'aiment pas la ligne droite. Plusieurs fois le chemin était coupé par d'autres routes. Quelle était celle de l'eau et quelles étaient celles des pâturages? J'étais perplexe. Enfin des arbres verts que l'on voyait à quelque distance m'indiquèrent la route propre du marigot et j'arrivai au bord de l'eau à la tombée de la nuit. Comme le matin, un gourbi, — mais bas, à la mode des Pouls — fut vite construit, car, aux approches de l'hivernage, on ne saurait trop se défier des tornades qui occasionnent presque toujours des accès de fièvre si on n'est pas bien abrité contre la pluie.

Le gîte était bon; mais la chair de girafe serait-elle de mon goût? c'est ce que je désirais connaître. Namouké m'en prépara un excellent potage et s'y distingua. Il crut même bon de m'en accommoder une purée de niébés. Tout cela fut parfait. Le rôti seul, trop coriace, dut céder la place à une boîte d'endaubage, plat de disette. Je comptais, il est vrai, sans Biskiti, qui avait toujours montré le génie de la brousse. Il arriva, en effet, portant encore accroché à l'hameçon un gros machoiran d'eau douce, à grosse tête munie de longues barbes, à peau visqueuse et tachetée de noir, sans écailles, qu'il venait de pêcher, en deux temps, dans le marigot. Namouké, après un brin de toilette, lui fit les honneurs de la poêle à frire. Ce poisson, repoussant à l'œil, est un véritable régal de gourmet.

Après le dîner on s'entretint de cette heureuse journée. Ciré qui, en habile chasseur, avait déjà exploré les environs malgré le peu de clarté, me dit qu'il avait cru voir là-bas, près d'une touffe de bambou, des traces d'éléphant.

— Ce serait, ma foi, trop de chance, lui dis-je; tu as dû te tromper et prendre, grâce à la nuit, des traces de girafe pour des empreintes d'éléphant... As-tu vu des troncs dépouillés d'écorce?

— Non, me dit-il; mais je suis certain d'avoir vu des *pieds* d'éléphant.

Je ne pouvais en croire mes oreilles.

— Ah! vois-tu, ajouta-t-il en montrant ses belles rangées de dents blanches, c'est que j'ai là un bon grisgris — et il portait la main à son cou où était suspendue l'amulette entre deux cauris tout blancs.

— C'est bien, Ciré! un grand chasseur comme toi doit boire du café et je lui en fis servir dans un gobelet en fer. Comme les autres semblaient être travaillés par le serpent de la jalousie, je leur fis donner un doigt d'eau-de-vie : ce fut la joie générale! Déjà l'un d'eux se mettait en posture d'exécuter la danse du sabre.

Je dus l'en dissuader dans la crainte que ce bruit trop insolite n'effrayât les éléphants que je comptais chasser dès le lendemain matin. On causa à demi-voix et quelques instants après, les feux étant allumés, tout le monde s'endormit. La nuit fut exceptionnellement fraîche. Les indigènes, couchés deux à deux, le ventre au feu, se rapprochaient instinctivement du foyer. De mon gourbi où j'étais roulé dans mon burnous et une couverture de laine je m'amusai quelque temps à suivre les faits et gestes des dormeurs qui, en des mouvements inconscients, lançaient sur le brasier tantôt un bras, tantôt une jambe retirés aussitôt sans trop se brûler à cause de la matière huileuse qui, de leurs pores, se fixe sur l'épiderme.

Le lendemain, au petit jour, le camp est levé et nous descendons le cours du marigot qui était, à quelque distance, bordé sur les deux rives d'une épaisse couche de bambous laissant le sol couvert de leurs feuilles mortes ; sur les tiges des bourgeons poussaient déjà : l'arbuste commençait sa toilette aux approches de l'hivernage grâce à l'humidité déjà plus grande de l'atmosphère. Cette demi-nudité rendait notre tâche fort difficile, car le gros gibier à trompe pouvait mieux nous voir à grande distance et s'éloigner sans être même tiré.

Nous trouvons des traces bien nettes d'éléphant, mais elles sont déjà anciennes et remontent sans doute à la dernière saison des pluies. Cela me donnait peu d'espoir. Nous étions pourtant sur un terrain aimé de la gent à trompe si gourmande de feuilles et de jeunes tiges de bambou. Et nous allions toujours, adoucissant le plus possible le bruit de nos pas. Nul bruit autre que celui de quelques perroquets piaillards et le bruissement des herbes sous les envolées de gazelles effarées qui s'arrêtaient un peu loin afin de nous examiner tout à leur aise. Ciré, Toumané et moi nous marchions de front. Bientôt, aux pieds d'une touffe plus verte, se montre une fiente toute fraîche et remontant peut-être à la nuit qui venait de finir. De la fiente d'éléphant! dit Ciré, qui s'y connaissait. — Bravo! nous allons les trouver, les belles trompes; elles sont même fort près de nous, sans doute, dis-je à mes deux amis. Et l'on s'arrêta pour tenir conseil. — Peut-être que les éléphants étaient à se reposer, couchés sous les bambous? Et l'on fouille des yeux la brousse des deux rives. Des traces, mal dessinées sur un sol sec et dur, témoignent que deux éléphants ont passé là. Alors, on marche avec plus de précautions encore. Le soleil est déjà haut sur l'horizon : les deux animaux sont certainement couchés à l'ombre ou bien en train de manger quelques jeunes pousses. Enfin nous arrivons devant une touffe épaisse et étendue où les traces se perdent. Nous pénétrons prudemment, mais, malgré nous, les tiges se renversent en faisant du bruit, et les feuilles mortes crient sous nos pieds. Réveillés par le bruit, deux beaux éléphants se mettent, la trompe au vent, à défiler devant nous au grand trot, à plus de cent mètres. Ne pouvant mieux choisir ma cible, je tirai le dernier en queue : la balle pénétra dans la cuisse droite dans un gémissement de l'éléphant qui continua sa route sans en paraître trop incommodé. Ils étaient déjà hors de portée, marchant avec leur naturelle élégance et écartant avec leur trompe l'obstacle des petits arbres qui pliaient comme des feuilles sous la brise. M'étant retourné, je m'aperçus que quelques Bambaras avaient grimpé sur les arbres et Biskiti aussi — la force de l'exemple.

— Toi aussi, Biskiti?

— Doctoro,... cet éléphant n'est pas bon; mais c'était pour mieux le voir.

Les Bambaras, assez confus en leur qualité de chasseurs, s'excusaient de leur mieux en disant que l'éléphant avait fait mine de charger après avoir reçu la balle. C'était faux. Il avait seulement tourné la tête vers nous, mais par ce mouvement instinctif que font les chevaux se retournant vers la mouche qui les pique.

Sur mes conseils quatre hommes se détachèrent à la poursuite de l'éléphant blessé; je leur donnai ce qui restait de girafe pour se nourrir et, avec le reste de la troupe, je regagnai Koundou le soir même, non sans avoir laissé prendre le koba au campement de la veille. L'antilope certes ne sentait pas bon, mais elle n'en était que meilleure pour les Bambaras qui sont, comme les Mallinkés, de grands mangeurs de choses immondes. En dehors des animaux morts de leur belle mort ou autrement et déjà en état de putréfaction, ils sont encore grands amateurs de la viande de chien, de ces chiens jaunes si répandus dans les villages du Bélédougou. Malheur au jeune toutou qui se laisse prendre dans la brousse ou aux lougans! il est sûr d'être rôti et mangé. Il est d'usage au Bélédougou et chez les Bambaras d'outre-Niger de mettre tous les ans un certain nombre de jeunes chiens à l'engrais et de les soumettre à un gavage méthodique de boulettes de couscous préparé avec des arachides grillées et pulvérisées. Après quelques mois d'un tel régime, lorsque les chiens sont bien dodus et porteurs d'un poil jaune luisant, à l'époque des semailles, ils sont conduits, en laisse, vers les lougans où les travailleurs les tuent et les mangent. Il faudrait, je crois, donner un prix bien élevé pour en acheter un en ce moment. Le sacrifice de l'animal s'accomplit après quelques cérémonies fétichistes variables selon le lieu. Généralement il se fait devant ces petites statuettes grossièrement taillées dans un bloc d'ébène et avec accompagnement de paroles sacramentelles adressées à Nama. Ensuite le chien est mangé et tout le chien, s'entend.

De Koundou mon opéré, qui allait bien, fut remporté dans son village par mes amis les chasseurs bambaras que je chargeai de me donner — si possible — des nouvelles du blessé, je veux dire de l'éléphant : mais je n'en entendis plus parler.

Après avoir pris un peu de repos, je me dirigeai vers Guinina. Toumané fit porter mon bagage par ses esclaves, — ses enfants, comme il les nommait — et il vint lui-même m'accompagner à un jour de marche.

Dans cette région, comme dans tout le Soudan, en dehors des cases et de ce qu'elles renferment, la propriété n'existe pas à proprement parler. Chaque année les lougans sont faits sur les terrains que chacun désire; toutefois, quelques coins, telle ou telle vallée, paraissent réservés à certaines familles. Il y a de si grands espaces et si peu d'habitants que, de longtemps, les indigènes ne sentiront pas le besoin de borner leurs terres, comme cela se pratique en Europe. Et puis, personne ne se livre à ce que nous nommons une exploitation agricole; chacun cultive pour vivre et faire du dolo. Il est vrai, toutefois, que depuis quelque temps les cultures du mil et des arachides sont plus étendues qu'autrefois à cause de quelques occasions de vente que l'on rencontre soit chez les dioulas, soit chez des acheteurs pour le compte des troupes indigènes. En somme, peu à peu, les besoins augmentent et ce que les habitants demandaient autrefois au commerce des esclaves, ils ne le trouveront plus désormais que dans le travail et l'agriculture. Gagneront-ils beaucoup au changement? Je l'ignore. Toutefois, la civilisation s'en trouvera bien.

CHAPITRE IX.

CHASSES DANS LE BIRGO ET LE BOURÉ.

Le karité. — Les villages de liberté. — Chasses au sanglier. — Un solitaire me charge. — Les abeilles et l'apiculture. — Le lion de Dioukri. — L'or du Bouré. — L'oiseau-trompette de Siguiri.

Je me dirigeai vers Mourgoula avec le désir de chasser à travers le Birgo et le Bouré aurifère. Le Birgo s'étend autour de Mourgoula; c'est une région couverte de montagnes élevées d'où le Backoy qui passe à Noya, tire une partie de ses sources; c'est la véritable patrie du *karité* et de l'arbre de ce nom qui produit le beurre végétal. C'est principalement dans le Birgo que les dioulas — les colporteurs indigènes — viennent acheter, pour le porter aux quatre coins du Soudan, ce produit qui est pour les indigènes un objet de première nécessité. Dès que les fruits sont arrivés à maturité, ils sont recueillis et mis à pourrir; quelque temps après, on les fait bouillir dans l'eau. Pendant cette opération la matière grasse se dégage et surnage; puis elle est pressée à la main jusqu'à ce qu'elle forme un corps de la forme et de la grosseur d'un pain de munition; enfin on l'entoure de feuilles vertes que l'on maintient à l'entour avec des écorces nouées.

L'arbre, le fruit et le produit sont désignés par le même nom de *karité*.

Ce corps gras gris-clair a la densité du beurre frais, qu'il remplace quelquefois dans les cuisines des Européens. Pour le rendre agréable et presque l'égal du saindoux il suffit de le faire bouillir à grand feu et de répandre brusquement quelques gouttes d'eau froide à la surface : les essences empyreumatiques s'envolent. Le karité est l'objet d'un certain commerce local que l'on pourrait étendre si les incendies, fréquents dans le pays, n'arrêtaient l'essor des jeunes arbres émanant des fruits tombés sur le sol. Sans cela les pays entre Kita et le Tankisso se couvriraient fort rapidement de forêts de karité et le produit diminuant de prix pourrait devenir un objet d'exportation.

Le fruit est comestible. J'en ai mangé bien souvent; j'en ai même fait confire dans du sucre.

Les habitants du Birgo sont plus qu'ailleurs mélangés du sang des Pouls, dont ils ont conservé un peu les traits et les races des troupeaux, notamment certaines chèvres naines munies de jambes courtes et toutes petites.

Jusqu'en 1883 cette région obéissait à l'almamy de Mourgoula qui gouvernait au nom du roi de Ségou et reliait, par la forteresse de Mourgoula, l'empire toucouleur du nord aux possessions du sud-ouest, vers Dinguiray et Koundian. On dut renvoyer l'almamy et les villages relevèrent désormais du poste de Kita.

J'établis mon campement sur le marigot de Dalaba afin de me livrer à la chasse des sangliers fort communs dans cette région où ils trouvent des fruits sauvages en abondance. A courte distance se trouvait un *village de liberté*. Le Soudan possède déjà de nombreux villages de liberté créés dans le but de remédier à l'esclavage qu'il serait impolitique d'abolir par des mesures violentes, capables d'éloigner de nos possessions et nos administrés, les nègres, et leurs captifs de case qui suivraient presque tous aveuglément la fortune de leurs maîtres, de *leurs pères*. Ces villages s'élèvent et grandissent comme par enchantement. Beaucoup de nos tirailleurs s'y retirent lorsqu'ils ont terminé le temps de leur engagement ou qu'ils sont en retraite. Les captifs mécontents de leurs maîtres ou menacés d'être vendus lorsque de grands besoins se font sentir, s'y retirent ainsi que de nombreux vagabonds venus on ne sait d'où. Personne ne leur demande leur état civil qui n'existe pas. Si après trois mois de séjour le légitime propriétaire ne les a pas retrouvés et réclamés, ils deviennent libres *ipso facto*. Jamais, du reste, on n'arrive à les prendre, malgré les recherches les plus actives, car dès que le captif est arrivé au village de liberté, il est caché par ses camarades libres qui n'ont jamais entendu parler de l'homme cherché, cela va sans dire.

Les villages de liberté sont la soupape de sûreté de l'esclavage, le modérateur puissant qui, le temps aidant et la paix surtout, fera disparaître cette horrible plaie béante; ils contribueront aussi à repeupler progressivement ce pays dévasté par les vieilles luttes.

Une pareille tentative mérite les plus grands encouragements.

Le chef de ce nouveau village de Dalaba m'apporta une calebasse de dolo exquis. Il répondit à mon remerciement et aux kolas que je lui offris par le cri de « Liberté » qu'il poussa en me serrant la main. Le soir, mes hommes furent invités à célébrer le dolo dans une grande séance de gaieté, voire même d'ivrognerie, aux sons du tam-tam et aux chants égrillards d'un insupportable griote.

Le lendemain, à la pointe du jour, je partis en chasse, accompagné de Biskiti et de trois hommes du village. Par le marigot je gagnai un grand plateau couvert de pommiers sauvages qui, toute l'année, donnent des fleurs et des fruits blancs de qualité inférieure, mais qu'on peut toutefois mastiquer en route pour étancher la soif. Deux chiens jaunes du village nous suivaient. Comme le sanglier est fort méfiant de son naturel et qu'il évente les chasseurs à grande distance, du marigot je gagnai brusquement le plateau en gardant le vent debout, ce qui nous mettait dans de bonnes conditions. Dès que j'eus atteint le bord du plateau qui se terminait en pente douce, j'aperçus, à deux cents mètres devant moi, trois sangliers d'un blanc grisâtre en train de croquer les pommes qu'ils faisaient tomber des arbres en s'y grattant. Les trois bêtes m'ayant aperçu se tournèrent vers moi, étonnées, la hure haute et la queue retroussée. Impossible de faire un pas de plus sans les voir détaler au trot, loin de moi. Bien que la distance fût grande, j'armai ma carabine et je mis en joue une laie, la hausse à deux cents mètres. Un petit coup sec retentit et la balle alla se loger dans le flanc de l'animal qui s'enfuit avec ses deux compagnons. Par les éclaircies des arbres je les voyais de temps à autre s'éloigner vers les bois, mais la laie, fort gênée, ralentissait visiblement sa marche. Voyant cela, nous partons à sa poursuite afin de la rejoindre et de lui servir une deuxième balle si la nécessité s'en fait sentir. Après avoir parcouru environ huit cents mètres, nous arrivons sur le bord d'un profond ravin, creusé par les pluies d'hivernage, que je me proposais de longer lorsque j'aperçois à mes pieds un superbe solitaire tout de noir habillé. Il me regarde un peu étonné; il porte à sa mâchoire deux crochets blancs comme neige et incurvés en arrière comme un mors de bride arabe. A ses pieds sont quelques trous dans le sol où le groin vient de fouiller. L'animal m'observait sans témoigner de crainte. Je lui envoyai une balle au défaut de l'épaule, à moins de trente mètres de distance. Alors, au lieu de s'enfuir comme je l'espérais, le solitaire irrité se mit à gravir la pente douce qui nous séparait, dans une véritable charge. Biskiti me passa un fusil chargé de deux balles explosibles. Comme nous nous étions reculés de quelques pas, le sanglier trouva devant lui les deux chiens jaunes qui firent tête. Il se précipite bravement sur eux la bouche ouverte, et, furieux, il donne une forte chiquenaude à l'un qui s'enfuit en hurlant et empoigne le second qu'il secoue déjà dans sa gueule pleine d'écume. A quelques pas, au risque de tuer le chien, je lui tirai une balle qui l'étendit raide mort.

Je le quittai aussitôt pour reprendre la poursuite interrompue du premier blessé, qui ne pouvait être bien loin si j'en jugeais aux traces de sang qu'il laissait sur sa route. Il fut trouvé bientôt acculé contre un arbre, en arrêt vers nous qu'il voyait arriver. Une balle nouvelle en eut raison : la laie tomba.

C'est avec ce butin que je regagnai le camp à travers un terrain fouillé de-ci de-là par les groins des sangliers.

Dans cette région, comme dans tout le pays, l'apiculture est en grand honneur. Les abeilles ordinaires et quelques autres variétés de mouches à miel sont très répandues.

Ces mystérieuses ouvrières qui nous donnent le miel — *cette douce rosée du ciel*, selon la gracieuse expression du chantre des *Géorgiques* — établissent leurs demeures dans les trous des grands arbres et des vieux baobabs, dans ces vastes crevasses dues au bec de certains oiseaux ou à l'effet du temps. Une variété de mouches à miel toutes petites s'établit sur les hautes branches où leur maisonnette se colle à l'écorce, comme une verrue.

C'est là que vivent les vaillantes abeilles en donnant aux nègres du Soudan un grand exemple de travail, d'économie et de paix domestique; mais les indigènes sont de médiocres observateurs de la nature; ils sont bien loin de se douter qu'*une étincelle d'en haut illumine les mouches à miel* : « esse apibus partem divinæ mentis. »

C'est là qu'elles fabriquent ce miel exquis auquel il faut rendre hommage, le miel du Soudan.

On ne saurait leur appliquer le « vivite felices », car elles ne cessent d'être chassées, enfumées et pillées par deux ennemis : le singe et l'homme.

Les singes, fort gourmands de leur naturel, visitent les ruches dans leurs promenades à travers les branches et parviennent quelquefois, aux prix de nombreuses piqûres, à décrocher les petites ruches collées aux écorces et à les précipiter par terre où ils reviennent le lendemain pour manger le miel, les mignards! Les longs poils de leur peau, sans les rendre invulnérables, les garantissent assez bien contre les aiguillons pour leur permettre cette guerre aux abeilles où la victoire se range presque toujours du côté des singes.

Les noirs, d'autre part, leur font une chasse encore plus terrible en allumant près des ruches des feux de paille humide qui les enfument; ils brûlent souvent les arbres qui leur ont offert asile dans leurs trous. Les abeilles, fort délicates de leur naturel, se retirent devant la persistance de l'incommodante fumée pour porter ailleurs leurs lares et leurs espérances. Toutefois, elles ne quittent jamais la place sans combat, sans avoir lardé le nègre de quelques bons coups de dard. Ailleurs, c'est une mauvaise odeur qui les éloigne.

Les indigènes ne s'en tiennent pas encore à ces procédés primitifs; ils s'occupent d'apiculture. A cet effet, ils construisent des paniers en paille, de la forme et de la grosseur de nos ruches. Au lieu de les déposer sur le sol ou sur un support plus ou moins élevé, ils les établissent au sommet des grands arbres, où ils sont fixés, solidement couchés sur le flanc, à l'aide d'écorces tendres et de jeunes tiges flexibles. Sur la base de la ruche en forme de toit conique qui fait face au soleil couchant est ménagée une petite ouverture permettant d'entrer et de sortir. Ces ruches recherchées des abeilles sont toujours habitées par des colonies nombreuses qui fournissent, en saison sèche, un tribut annuel aux habitants des villages. On trouve du miel à peu près dans tout le Soudan; sur tous les marchés on en vend dans de petites calebasses. Les noirs en fabriquent de l'hydromel qui ne vaut pas le dolo.

Le miel le plus fin et le plus savoureux est produit par la petite variété de mouches à miel qui n'a de ressemblance avec les abeilles ordinaires que par la fonction melligène.

En passant au marigot de Bankolé la présence sur la route d'une colonie d'abeilles logée dans le trou d'un arbre, à hauteur d'homme, m'obligea à faire un long détour; plusieurs de mes gens furent cruellement piqués. Les chevaux, qui les redoutent fort, s'empressent de s'éloigner des ruches. Nous fûmes poursuivis à longue distance par un petit détachement qui venait piailler à nos oreilles un désagréable son de trompette en aiguisant ses dards :

<blockquote>Spiculaque exacuunt rostris.</blockquote>

Mes vivres s'épuisant, je dus gagner Niagassola afin de me procurer le nécessaire, car on se lasse vite des jambons et des côtelettes de sanglier.

Niagassola est un petit poste d'arrêt entre Kita et Siguiri. Le village est bâti au fond d'un cirque entouré de tous côtés par de petites montagnes couvertes de roches roulantes et de cailloux ferrugineux. Le tata tombe en ruines. Après avoir fait provision de riz et de couscous desséché, je me rendis au marigot de Kourako qui a été le témoin d'un combat et d'une défaite de Samory qui menaçait nos possessions jusqu'à Kita. Au coucher du soleil, je trouvai trois lièvres en train de gratter des fientes desséchées de bœuf sauvage et j'en tuai deux pour ma table. Le lièvre du Soudan est tout petit, de la taille d'un lapin de garenne; il se nourrit de fines herbes savoureuses qui rendent sa chair excellente. On est presque sûr d'en trouver la nuit dans les endroits où les chevaux ont séjourné quelque temps.

La lune, toute ronde et couleur de pourpre, se levait lorsque je me mis en route pour me rendre aux ruines de Dioukri; le ciel étincelant d'étoiles et une douce fraîcheur rendaient la marche agréable. Sadio, fin observateur de traces, me fit remarquer sur le chemin des empreintes larges qui semblaient venir du lion. Je mis pied à terre, et, à la lumière d'un fanal qu'on alluma, je me livrai à un examen approfondi devant les noirs déjà inquiets. Les porteurs de Niagassola me déclarèrent que le lion fréquentait beaucoup dans ces parages et qu'il se tenait généralement dans la montagne de Dioukri que l'on voyait devant nous. Je constatai des traces de lion paraissant remonter à la nuit précédente. Malgré tout, je déclarai que nous allions continuer à marcher et d'autant mieux que, devant nous, près du sentier, un grand feu de brousse pétillait en brûlant l'herbe sèche; mieux que tout, cela rassura un peu les hommes. Pendant plus de cinq cents mètres on dut marcher à travers l'incendie qui s'arrêtait à nos pieds, sur les bords de la route, la flamme limant les jeunes écorces et flambant les feuilles des arbrisseaux qui restaient nus et rabougris. Les hommes pressaient le pas sous l'air tiède frôlant les jambes nues.

Dès que le champ de l'incendie fut dépassé, nous soulevions un nuage de poussière; je dus me mettre en tête afin de rassurer les porteurs qui marchaient avec hésitation. Des bonds et des courses à travers les herbes signalaient la présence des gazelles qui fuyaient d'épouvante à notre passage.

Enfin quelques rugissements se firent entendre du côté de la montagne. Les hommes s'arrêtèrent; impossible de leur faire continuer la route. Je dus donc m'arrêter et camper en pleine brousse au milieu de grands feux qui furent surveillés et entretenus toute la nuit, contrairement aux habitudes.

Les rugissements parurent s'éloigner de nous, sans doute à cause de la visite de la veille, car le lion vient rarement deux fois de suite chasser sur le même terrain; peut-être aussi la lueur de l'incendie qui continuait à rougir le ciel l'avait porté à prendre une nouvelle direction.

Après quelques chasses sans importance, je m'établis à Sétiguia, en plein Bouré aurifère. Samory, qui a été quelque temps maître de cette région, en tirait une bonne quantité d'or en frappant les villages d'impôts écrasants. Le Bouré est le centre d'un certain trafic avec les caravanes qui viennent y vendre des marchandises contre le précieux métal. L'agriculture n'y est guère en honneur; comme dans tous les pays aurifères, l'activité se porte dans le sous-sol.

Les environs des villages de Balato et de Sétiguia sont parsemés de puits ronds, de profondeur variable, mais ne dépassant guère cinq mètres, creusés par échelons, où les indigènes recueillent la terre aurifère de couleur jaunâtre. Pendant que les hommes remplissent de terre les calebasses, les femmes, de leur côté, font le triage de l'or par le grossier *procédé de la calebasse :* elles pétrissent la terre dans l'eau et, par la pesanteur, quelque paillette ou de la menue poudre d'or se dépose au fond. Ce système de lavages successifs ne retire qu'une minime partie du métal qui reste dans les détritus. Lorsque les puits sont très profonds, on les creuse contre un arbre dont les racines servent à opérer les mouvements d'entrée et de sortie, car les échelles ne sont guère connues ni utilisées dans le pays. A défaut d'arbres, on se sert des échelons.

Le Bouré est couvert de puits qui rendent la chasse fort dangereuse; car, sans de grandes précautions, on risque de tomber dans ces trous abandonnés que la brousse dissimule.

Le Bouré relève aujourd'hui de Siguiri; il paie son impôt en or.

Les forgerons fondent le métal dans des creusets en terre; ils le mettent en barres tordues et fines aux extrémités et en font des anneaux ouverts.

Bien que les tentatives d'extraction de l'or faites dans le bassin de la Falémé, tant par les particuliers que par l'État, soient loin d'être encourageantes, je crois les mines du Bouré assez riches pour qu'on puisse y tenter une exploitation suivie.

Enfin je quittai l'Eldorado du Soudan pour gagner Siguiri où mon arrivée fut saluée par un oiseau-trompette, du haut de son perchoir qui était l'extrémité pointue d'une case. Tous les matins, à l'aube, ce singulier oiseau sonne la diane avant le clairon.

CHAPITRE X.

KANKAN.

Passage du Niger. — Kankan. — Le marché. — Les esclaves. — Les pirates de la brousse. — En expédition. — La mare aux canards. — Des buissons qui chassent. — Singulière prise d'armes. — La caravane d'esclaves.

A deux milles de l'embouchure du Milo, vers Niantankoro, je dus traverser le Niger, fort élargi par un de ses affluents les plus abondants, sinon le plus long, le Milo, qui prend ses sources dans le Kissi où il pleut pendant neuf mois de l'année. Les pirogues passèrent d'abord l'escorte, les porteurs et les bagages. Les chevaux traversèrent ensuite à la nage tenus en main par les palefreniers et la tête le long des bordages.

La route vers Kankan marche parallèlement à la rive gauche de la rivière dans un pays ravagé par la guerre où de nombreuses ruines de villages témoignent que Samory a passé là, il n'y a pas bien longtemps. Des baobabs et des fromagers puissants s'élèvent au milieu d'une végétation fournie qui recouvrira bientôt les anciennes cases abandonnées. Dans la brousse l'on voit quelques rares habitants échappés des mains terribles de l'almamy. C'est la désolation au milieu d'une riche vallée bien arrosée. En dehors des oiseaux aquatiques et de quelques gazelles, le gros gibier lui-même s'est éloigné au cours de la chasse à l'homme, seule pratiquée par les indigènes, au détriment de l'agriculture peu en honneur. Pourquoi cultiver une terre si l'on n'est pas sûr d'en récolter les fruits? Qui donc osera faire des lougans au risque d'être enlevé comme esclave ou de voir son champ dévasté? Qui pourra défendre son mil et ses patates contre des maraudeurs mourant de faim? De là ce cortège des longues guerres au Soudan : la peste et la famine.

Kankan est la capitale du Baté et la résidence de Day, le roi du pays; c'est une des plus vieilles villes de la région. Bâtie sur la rive gauche et à deux cents mètres du Milo, elle est défendue par un *sanié*, c'est-à-dire par une enceinte continue de troncs d'arbres juxtaposés, plantés profondément dans le sol et d'une hauteur de près de trois mètres. Trois portes couvertes chacune d'un bastion en palanques y donnent accès au nord, au sud et à l'ouest. La partie qui fait face à la rivière et au gué du Milo n'a pas d'ouvertures. Au sud, une belle bordure de fromagers séculaires, couverts de vautours assurant la voirie. Dans l'enceinte s'élèvent les cases en terre couvertes d'un chapeau de paille; de petits tatas y constituent de véritables réduits en cas d'attaque et de prise du sanié. Samory ne s'empara de la ville que par la trahison d'une partie des habitants et il y mit garnison.

Kankan fut visité par René Caillé qui fit une description, encore vraie aujourd'hui, des habitudes commerciales et des mœurs des habitants. Le Coran s'y trouve en grand honneur ainsi que les mosquées; toutefois le fanatisme n'y est pas très développé, comme c'est l'usage dans les populations adonnées au commerce. Située à l'entre-croisement des routes de la côte vers le Ouassoulou, la ville, malgré ses malheurs, est restée l'entrepôt des produits de l'intérieur; de nombreuses caravanes y touchent.

Le marché se tient sur une grande place à l'extrémité sud de la ville, sous de grands hangars recouverts de paille où se tassent, à l'abri du soleil, les dioulas et les marchands.

Quel vacarme infernal chez tous ces gens plus ou moins affairés! Ici, sur une longue rangée, des esclaves faméliques se tiennent assis derrière quelques petits fagots de bois mort qu'ils vendent pour le compte de leurs maîtres, contre argent, mil, patates et riz; là, des femmes sont accroupies derrière leurs calebasses, petites et grandes, contenant du riz, du mil, du maïs, des patates, du couscous et du lait; et les acheteurs, debout, circulent parmi tout cela en marchant prudemment dans la crainte de renverser une calebasse et de recevoir force horions des femmes piailleuses.

Dans un coin, quelques vieilles au corps ridé et des enfants nus : c'est le marché des esclaves. Ces gens volés sont exposés comme du bétail, et soumis à l'examen des acheteurs palpant leurs membres amaigris et les faisant marcher au milieu de l'indifférence générale. Les captifs se soumettent gracieusement à cet examen et s'escriment de leur mieux à faire valoir leurs avantages physiques, heureux d'être achetés par un maître riche et capable de leur donner une nourriture plus abondante que leur régime habituel qui ne les empêche pas toujours de mourir de faim. Ayant un jour fait racheter deux de ces malheureux, je fus témoin de leur joie de se voir rendus à la liberté. C'étaient deux enfants fort jeunes encore qui furent vêtus proprement et convenablement nourris. En quelques jours les petits faméliques furent méconnaissables sous leurs boubous neufs et par suite d'un régime abondant de viande et de riz. Ils étaient fiers de se montrer en liberté, et ils allaient gais et contents, la tête propre et rasée. Ces malheureux avaient été ramassés dans la brousse du Ouassoulou par des dioulas qui s'étaient empressés — la belle aubaine ! — de les conduire à Kankan pour les y vendre en même temps que quelques filatures grossières de la côte. Je les confiai à un homme sûr chargé de les élever en hommes libres qu'ils étaient et de les rendre à leurs parents s'ils parvenaient jamais à s'échapper des mains crochues de l'almamy. Ces enfants venaient me voir tous les jours et je me plaisais à leur donner quelque menue monnaie dont ils se servaient pour acheter des friandises, comme galettes de mil ou arachides grillées. Un jour, l'un d'eux vint me trouver en pleurant à chaudes larmes, à une heure qui ne lui était pas habituelle. Je crus d'abord qu'un camarade l'avait battu ou bien lui avait enlevé sa galette; et je n'y pris pas garde. Voyant ses pleurs intarissables, je lui fis demander par

Sadio le motif d'une pareille désolation. L'enfant s'expliqua, en langue du ouassoulou, avec une grande volubilité : — Il venait de rencontrer sa mère exposée en vente sur le marché et il me priait de la racheter aussi. Et les pleurs recommencèrent de couler.

Attendri par ce pieux sentiment filial, je fis racheter la mère avec la dernière monnaie qui me restait encore. Quelle joie pour l'enfant qui m'embrassa la main et pour la pauvre vieille, fort surprise de cette aventure !

Les enfants sont très attachés à leur mère. Peu leur importe le sort du père ! Et cela se comprend bien : le père s'occupe si peu de ses enfants qu'il a de plusieurs femmes différentes ! La mère, de son côté, sans amour pour le mari, concentre toute son affection sur ses enfants.

Le fils travaillera pour elle, pour la nourrir et subvenir à ses besoins; dès qu'il sera lui-même en ménage, à la tête de trois ou quatre femmes, il la prendra avec lui. C'est la mère qui recevra ses confidences et qui lui donnera ses conseils pieusement écoutés. L'épouse n'est qu'un meuble chargé d'enfanter et de préparer le couscous. Il y a pourtant quelques exceptions à cette règle, c'est lorsque la femme est déjà vieille et reléguée, comme en un musée, dans un coin du tata, avec ses enfants, en dehors des relations conjugales; si elle est intelligente et dévouée, son mari la consulte souvent sur ses projets et sur les affaires de quelque importance. Sans cela les abandonnées continuent à vivre dans leurs cases, au milieu de leurs enfants et de leurs esclaves, toujours entourées de la considération qui s'attache à leur état, et leur petite famille fait partie de la grande composée de personnes semblables et de celles des femmes encore en faveur. Et au-dessus de tout cela, la pierre d'achoppement : le mari !

La ville de Kankan se repeuple tous les jours de ses anciens habitants qui quittent la fortune de Samory. L'esclavage que nous y avons trouvé dans toute son horreur va disparaître rapidement dès que la pacification sera complète. Aussi les habitants que cette éventualité épouvante ne nous aiment guère. Habitués qu'ils sont à vivre de l'esclave, ils subiront avec peine notre domination qui mettra ordre à tout cela.

L'agriculture est méprisée; seules, les chasses à l'homme sont en honneur.

Les gens de Kankan sont les *pirates de la brousse*. Ils ont l'habitude de partir en expédition dans le Ouassoulou et de revenir, la besogne faite, avec un butin variable de bœufs et de captifs, généralement des femmes et des enfants. Les hommes se sont enfuis sans avoir été inquiétés dans la crainte de quelque mauvais coup; et puis un homme fait est un captif si mal coté avec sa manie de s'échapper sans cesse ! Il restera bien quelques jours tranquille pour manger à sa faim et se reposer, mais un beau jour il s'en ira en dérobant des vivres, un captif ou le fusil de son maître. S'il est vendu, au contraire, à des dioulas qui ne se feront pas faute de le conduire attaché et une lourde charge sur la tête, le ventre vide, bien surveillé le jour et les entraves aux pieds la nuit, il attendra que quelqu'un veuille bien l'acheter. Il se souviendra de la route suivie, des noms des villages traversés, de la direction et de la distance par le nombre de journées de marche depuis le lever jusqu'au coucher du soleil, avec la halte d'une heure vers midi aux bords de quelque marigot où il aura bu à sa soif, mangé et dormi à l'ombre épaisse des lianes à caoutchouc. Enfin, il a été vendu bien loin; il est esclave d'un nouveau maître qui l'emploiera aux travaux agricoles. De ce moment, sa pensée se portera sans cesse sur les moyens de s'évader et de revenir vers le marigot et les arbres de son village — son amour du clocher, à lui. Ce travail se fera lentement dans sa cervelle de nègre peu prompte à associer les idées pour arriver, par de lents et persévérants efforts, à ce degré voulu de cristallisation où il tentera son évasion et effectuera son retour. Les indigènes, sachant bien tout cela, ne donnent qu'un prix infime de cette catégorie d'hommes que les hasards de la guerre rendent captifs après l'adolescence.

Les femmes, au contraire, qui s'attachent facilement à de nouveaux maris libres ou esclaves, qui, en enfantant, augmentent la fortune du maître, qui sont moins osées pour s'enfuir, sont payées un bon prix : cent cinquante ou deux cents francs si elles sont jeunes et bien en formes.

Les jeunes enfants passant assez facilement de la vie libre à la condition d'esclave atteindront des prix analogues.

Les habitants de Kankan font d'*écumer la brousse* leur métier de prédilection; ils sont la terreur du pays. Adieu les cultures, peu sûres et toujours ennuyeuses, et vive la piraterie de la brousse! Vite quelques poignées de mil au fond de la peau de bouc, le fusil sur l'épaule, le chapelet de Mahomet au cou, la calotte rouge sur la tête, et en campagne!

Les vivres seront bien vite épuisés, mais les fruits sauvages viendront en aide ainsi que les vieux champs de patates d'où ils retireront toujours quelques tubercules qu'ils croqueront crus après en avoir enlevé l'épiderme à l'aide de ces bons couteaux que tout brave pirate a coutume de porter à sa ceinture. Et, ainsi armés et équipés, ils s'aventurent au cœur du Ouassoulou, à dix ou quinze jours de marche de leur sanié. Ceux qui partent ne rentrent pas tous. En dehors des incidents de guerre, malheur au malade ou au blessé qui ne peut plus suivre. Il sera abandonné sans regrets ni remords et voué à une mort certaine. On le laissera sur les bords d'un marigot, aux ruines d'un village où il vivotera de quelques racines qui se trouvent sous sa main, à moins qu'il ne soit dévoré par les fauves ou tué par des maraudeurs venus d'ailleurs.

Avec des mœurs semblables, les gens de Kankan sont devenus la terreur du pays, et cela les oblige à prendre chez eux des mesures de sûreté, la nuit, pour éviter des représailles et empêcher la fuite des esclaves. Aussi, dès que le soleil baisse à l'horizon, un certain nombre d'hommes en armes sont placés, comme garde, aux trois portes de la ville. Le roi, sachant bien qu'un noir est incapable de ne pas dormir pendant toute une nuit de faction, fait faire plusieurs rondes afin de s'assurer que l'on veille bien et de réveiller les dormeurs. On entend pendant la nuit les sons des cornes des factionnaires qui, de porte à porte, se répondent, mêlant ces bruits aux cris des enfants et des femmes violentées ou au chant lugubre des hyènes. Lorsque la ronde arrive, tout dormeur est passé par les cordes. A cet effet, deux hommes prennent le délinquant par les épaules et les pieds pendant qu'un autre — le chef — armé d'un court fouet à trois cordes, cingle les reins du patient qui hurle sous la lanière enlevant l'épiderme. Un quatrième personnage compte les coups jusqu'à dix. Après une pause, on administre une nouvelle série. On s'arrête généralement à trente, pour ce délit.

Aux cris du patient les autres postes se réveillent et font bonne garde lorsque la ronde les visite à leur tour. Vers quatre heures au plus tard, ronde, factionnaires et postes dorment à poings fermés.

Les hyènes pénètrent souvent dans le village où elles viennent déterrer quelques cadavres; car on a la mauvaise habitude d'ensevelir les morts près des cases.

Vers cinq heures, les marabouts appellent à la prière, mais rien ne répond à leur appel, à cette heure indue, que le bruit général des gens qui toussent à pleins poumons sous la fraîcheur du matin.

La ville se trouve sur un terrain que la rivière transforme en marais à la suite du débordement annuel ; elle est, de plus, sale et malsaine comme toutes les vieilles cités des noirs où les plus simples éléments de l'hygiène sont négligés. Aux premières pluies il s'en exhale une odeur repoussante et nauséabonde.

L'insalubrité est encore augmentée par les nombreuses mares qui se trouvent aux environs.

Si l'on en retire de nombreux accès de fièvre, on peut, en revanche, y faire de jolies chasses aux canards. Les mares les plus importantes sont celles de Médina, aux portes de la ville, et la mare de l'ouest, dénommée bien justement *la mare aux canards,* objet de mes visites pendant mon séjour à Kankan.

La mare aux canards est formée par l'éclatement d'un marigot qui forme plusieurs bassins successifs de déversement où l'eau est à peu près stagnante.

Je partais ordinairement vers trois heures de l'après-midi, à cheval, suivi de quelques hommes en armes, car le pays était peu sûr à cette époque. Il était rare que, durant la route longue d'environ trois kilomètres, des gazelles ne fussent pas aperçues à petite distance et tirées avec plus ou moins de succès. C'est, en effet, l'heure où elles viennent brouter l'herbe tendre poussée à travers la brousse incendiée. Souvent je les chargeais afin de maintenir mon cheval en forme et de faire moi-même cette bonne gymnastique de l'équitation qui est un puissant moyen de conserver la santé au Soudan. Il fallait ensuite gagner la mare par la rive couverte du marigot, car les canards sont fort peureux. Après avoir mis pied à terre nous nous couvrions de branches vertes et, déguisés en buissons ambulants, nous gagnions le bord de la mare principale.

Déjà au milieu des feuilles de lotus les canards sont serrés drus sur l'eau. Comme la présence de nos buissons ambulants ne leur dit rien qui vaille, ils se masquent de leur mieux contre la rive où se trouvent quantité d'ajoncs fort élevés que les incendies ont respecté. Ils sont plus de deux cents, divisés par groupes de cinquante ou soixante. Le terrain est déplorable : nous marchons dans une forêt de hautes herbes aquatiques, les pieds dans l'eau jusqu'au genou, et quelle eau, *bone Deus!* — de la vase liquide. Enfin, arrivés à cinquante mètres, mes hommes font un feu de salve dans le tas, et moi, au vol, j'en tire deux qui tombent, en battant de l'aile, sur l'eau qui se couvre de rides. Avec grand bruit, les bandes s'envolent, et c'est tout. Sur la mare plus rien que trois morts et deux blessés, nageant rageusement vers la rive opposée. Sadio et Biskiti sont déjà dans l'eau à ramasser les morts et à poursuivre les blessés qui leur donnent beaucoup de mal. Dès que les canards sont gagnés de vitesse et sur le point d'être saisis, vite un plongeon ; et ils s'éloignent scus l'eau pour remontrer leurs têtes à quelque distance. On leur coupe la route, on les ramène vers le milieu de la mare, loin des hautes herbes de la rive où ils seraient perdus sans retour ; et la poursuite recommence de plus belle, tantôt en marchant, tantôt à la nage lorsque l'eau est profonde. Enfin, après des courses désordonnées, les canards sont capturés. Ils sont tout petits, d'un vert métallique, bien gras, destinés à faire les délices de Namouké et les miennes. Les meilleurs chiens de chasse ne valent pas les jeunes noirs pour capturer le gibier blessé, et cela les amuse. Dès qu'ils furent revenus sur la rive avec les cinq oiseaux, ils se bornèrent, comme toujours, à ôter leurs effets qu'ils lavèrent dans la mare, puis ils les mirent à sécher sur leur dos.

Lorsque la colonne passa à Kankan, nos troupes durent faire bonne garde pour éviter les surprises. Pendant la nuit il y eut plusieurs alertes qui provenaient non des sofas, mais du bruit des vautours — charognards — qui perchent sur les grands fromagers du village et dont les habitudes nocturnes étaient encore inconnues.

Une aventure du même genre, mais plus singulière encore, se produisit. — Pendant une nuit noire et sans lune, un factionnaire signala un grand mouvement dans la brousse. On crut à la présence de l'ennemi, et la colonne formée en carré se mit sous les armes, pendant que deux pièces envoyaient des boîtes à mitraille dans la direction où l'on apercevait quelque chose d'anormal. Plusieurs coups bien pointés suffirent à ramener le calme. Le matin, à l'aube, une patrouille envoyée dans cette direction trouva deux cadavres... les cadavres de deux hyènes, mâle et femelle, qui avaient eu le tort de venir prendre leurs ébats trop près de nos canons et de provoquer une prise d'armes inopinée.

Les environs de Kankan sont assez boisés; le sol est fertile comme dans toute plaine soumise à l'inondation annuelle. Des villages du Baté il ne reste plus que Kankan et Nafadié; tous les autres ont été brûlés et détruits par Samory; mais, peu à peu, les anciens habitants y reviendront.

Le village de Nafadié ressemble à Kankan. Avant d'y arriver j'assistai de loin au passage d'une caravane d'esclaves qui, du Ouassoulou, se dirigeait à l'ouest vers le Fouta-Diallon. Elle était composée de plus de deux cents captifs que les dioulas devaient tenir de Samory contre des marchandises de la côte. Chaque dioula à cheval était armé d'un fusil et d'un fouet, qui est le signe du pouvoir dans ces régions; d'autres étaient portés sur le dos des bœufs à bosse. Les captifs, divisés par groupes de huit à dix, marchaient à la file indienne, la fourche au cou et un lourd fardeau sur la tête; puis des femmes de tout âge, en liberté ainsi que les enfants, portant aussi une charge appropriée; quelques mères avaient en outre leur petit enfant sur le dos, à la mode des noirs.

Sous l'œil des infâmes gardiens, le bétail humain marchait lentement, résigné et sans faire la moindre tentative de révolte, chose facile à des gens qui étaient plus de quinze contre un. Une minute eût suffi à cette race dégradée pour quitter les charges et passer les fourches aux cous de leurs maîtres. Dès qu'une vieille femme pliant sous le faix, exténuée par la faim et la fatigue, vient à s'arrêter, vite un coup de fouet lui cingle les reins, et la malheureuse repart sans broncher, sans mot dire.

On raconte que lorsqu'un captif de guerre ne peut plus aller, il est presque toujours tué avant de reprendre la route. Le noir est naturellement féroce et impitoyable pour les vaincus, pour les malheureux. La pitié lui est inconnue. Ce qui le surprend le plus chez les blancs, c'est de nous voir donner la vie sauve aux prisonniers et aux blessés; cela dépasse les bornes de son imagination. Si le noir est ainsi cruel aux vaincus, il devient, devant la force, d'une platitude que rien n'égale.

CHAPITRE XI.

CHASSE A L'HOMME.

Samory. — La tornade. — Pintades et perdrix. — Le Sambiko. — Arbres à kola. — Bissandougou. — La panthère et le courrier. — De Bissandougou à Mananfara. — Le sofa Sory et les bandes du Kissi. — Mesures de sûreté. — Combats. — Le convoi. — Les singes noirs. Les faméliques. — Combat d'Illaco. — Sonokoro. — Palefrenier empoisonné par le manioc. — La décollation chez les noirs. — Les noirs deviennent blancs. — Les émigrants du Kissi et la variole.

Après avoir installé à Kankan l'ambulance centrale d'évacuation des blessés, je partis pour visiter Bissandougou, la ligne des postes du Milo et Kérouané, accompagné de quelques tirailleurs, de dix porteurs volontaires et des hommes à mon service. Après avoir traversé le Milo, je pris la route de Bissandougou à travers toute cette région en guerre et dévastée où l'on ne voyait plus que villages en ruines et des hommes de brousse — sofas dispersés ou anciens habitants — qui disparaissaient dans les herbes à mon approche.

La triste besogne de Samory qui, selon son habitude, brûle devant nous les villes, les villages et les approvisionnements qu'il ne peut emporter, et entraîne, au gré de son caprice ou de nos mouvements, les malheureuses populations qu'il force à combattre contre nous ou qu'il vend aux dioulas de la route quand le besoin s'en fait sentir, se montre, ici mieux qu'ailleurs, toute nue.

Partout où il passe il ne laisse que la mort, des ruines et le désert. Ce système est fort gênant pour nos colonnes, obligées de faire suivre quantité de vivres afin d'éviter la famine.

Le vide! quel terrible ennemi pour des armées en campagne!

Samory a une histoire très peu connue et se rattachant parfois à la légende.

Des hommes de Kankan ayant vécu longtemps auprès de lui m'ont donné quelques renseignements sur cette personnalité nègre qu'on peut bien justement nommer l'*Attila du Soudan*. Je vais les conter.

Samory porte plus de cinquante ans. Grand, un peu lourd, la voix forte et arrogante, l'œil vif caché sous des sourcils épais pour un noir, le maxillaire inférieur très développé, l'almamy, comme il aime à se faire appeler, a l'aspect général d'un homme du Ouassoulou avec quelques rares traits des Pouls dont la race a laissé des traces dans le pays. Son lieu d'origine est Sanankoro, à deux kilomètres de Kérouané; son père habitait encore naguère ce village.

Bissandougou et Kérouané étaient ses résidences favorites.

Ses débuts sont obscurs. Il paraît, toutefois, avoir, dans sa prime jeunesse, accompagné plusieurs fois des dioulas à la côte et avoir fait, lui-même, ce métier de colporteur qui lui permit de se mettre en contact avec la civilisation européenne et de pénétrer fort loin dans le Soudan central où il put étudier ses congénères et les apprécier.

Un jour, à la prise d'un village, il fut capturé, réduit en esclavage et ne dut d'avoir la vie sauve qu'à un concours de circonstances inconnu. Le roi qui l'avait fait prisonnier, le ramena dans sa ville où il le retint aux fers pendant plusieurs années. Il obtint enfin la liberté et la faveur d'être enrôlé parmi les sofas de son maître; celui-ci le conduisit aux razzias annuelles où le jeune Samory se distingua par son courage et une vive intelligence. Cette conduite lui valut bientôt d'être élevé au rang de chef de bande pour le compte du roi; il se distingua encore dans sa nouvelle situation, et peu à peu les noirs se mirent à suivre sa fortune en plus grand nombre jusqu'à ce que, confiant dans son prestige et la force de ses hommes, il renversa, dans un coup d'État, son roi qu'il mit aux fers à son tour et à sa place. Il fut alors chef reconnu. Voyant que son ancien maître était bien long à mourir, il lui fit trancher la tête afin de mieux assurer ses derrières. Plus qu'ailleurs le succès est adulé au Soudan, et toutes les bandes s'empressèrent de le proclamer almamy.

Samory est tout puissant. Dès ce moment il se mit à suivre les pratiques du Coran, s'entoura de griotes et de marabouts et il se déclara almamy du Ouassoulou, titre qui implique le pouvoir civil, militaire et religieux.

Le Ouassoulou, son pays d'origine, ne reconnut pas de suite sa puissance sans qu'il eût brisé de nombreuses résistances par les moyens les plus violents aidés d'une froide cruauté qui le rendit, en peu de temps, la terreur de ce coin du Soudan. Pour augmenter ses forces et sa fortune il ravagea ensuite les pays riverains du Tankisso, la région qui se trouve entre Sierra-Léone, le Fouta Diallon et le Milo. Il se disposait à faire la conquête de tout le bassin du haut Niger, aux prises bientôt avec l'empire toucouleur de Ségou dont il n'aurait fait qu'une bouchée, vu son état général d'anémie et d'effritement, lorsqu'en 1882 le colonel Desbordes l'attaqua et le battit devant Kéniera; il nous attaqua à son tour en 1883, à Bammako, avec de grandes forces; mais, après plusieurs combats où il essuya de grandes pertes, il fut rejeté au sud sur la rive droite du Niger, vers Siguiri.

C'est contre Samory que nous avons lutté pendant plus de douze ans pour lui avoir disputé le Niger d'abord et pour l'avoir inquiété ensuite en déchirant, sans motif plausible, un traité d'amitié.

L'almamy a toujours usé d'une cruauté inouïe pour mieux terroriser ses ennemis.

A Kéniera, la résistance avait été longue, la ville avait tenu fort longtemps et ne s'était rendue que par la famine. Il crut devoir présider lui-même à l'exécution de sa vengeance. Tous les habitants furent réduits en esclavage, les femmes, les enfants et les jeunes gens; les hommes mûrs, les guerriers, furent immolés dans un grand carnage. Pour combler la mesure, il fit creuser par leurs soins des trous profonds dans le sol et les y brûla vivants.

Après la reddition d'un village du Ouassoulou dont la résistance avait été longue, il fit assembler de nombreux petits enfants qu'il brûla dans des cases en paille sous les yeux de leurs mères.

Toute tentative de rébellion, tout soupçon d'indépendance est puni de mort.

Tout homme surpris à fabriquer ou à boire du dolo a la tête tranchée. Cette bière de mil est proscrite de ses États en vertu des préceptes mal compris du Coran.

Le nombre de ses femmes et de ses enfants est incalculable. On connaît le nom de quelques femmes qui paraissent jouer un certain rôle auprès de lui.

Cissé est l'une de celles qui a le plus sa confiance. Cette ancienne captive ne cesse de l'entourer de soins et de conseils écoutés le plus souvent. C'est Cissé qui lui a toujours conseillé de vivre en paix avec nous, dans la crainte d'être prise un jour et de revenir à son ancienne condition d'esclavage.

— Almamy, fais que je ne sois jamais esclave! lui dit-elle souvent.

Samory a donné à cette favorite une véritable cour de femmes, de sofas, de griotes et d'esclaves. Cissé a la surveillance et la garde d'une partie du trésor composé de poudre, de balles, de fusils, de lingots d'argent et d'or et de divers autres objets. Une bande de sofas lui est particulièrement affectée pour l'escorter dans les divers déménagements et pérégrinations dus aux mouvements de nos colonnes.

Plusieurs autres femmes ont un train semblable.

Les troupes de l'almamy sont nombreuses et divisées en bandes qui occupent les pays conquis.

A la tête de chaque troupe se trouve placé un chef distingué par son intelligence, sa bravoure et sa fidélité, ce qui ne l'empêche pas d'être entouré d'espions.

Les bandes sont ensuite divisées en sections de dix à quinze fantassins commandés par un chef à cheval. On peut avoir assez exactement le nombre d'hommes d'une bande en multipliant le nombre des chevaux par quinze.

La cavalerie n'existe pas comme corps spécial; et cela est dû surtout au manque de chevaux, fort chers et vivant mal dans ce pays.

Le recrutement s'opère volontairement ou par la force.

Les *bilacoros* rendent ces troupes fortes et solides. Ce sont de jeunes enfants libres ou esclaves et bien conformés; ils tirent leur nom de leur costume qui consiste uniquement en une bande de calicot de quatre centimètres de largeur; elle est fixée à une petite corde-ceinture et s'étend au-dessous de l'ombilic jusqu'au bas des reins. Ces enfants de huit à dix-sept ans sont confiés à un chef de bande qui les livre à un marabout chargé de les initier à quelques pratiques du coran et de leur inculquer un peu de courage et beaucoup de haine contre nous, les toubabo. Un sofa, de son côté, les exerce au maniement du fusil. Ces jeunes bilacoros deviennent ensuite, lorsqu'ils sont enrôlés, des soldats courageux et fanatiques fort acharnés contre nous et résistant bien.

La question des approvisionnements reçoit encore les soins de Samory. A cet effet, il place dans les villages soumis des hommes de confiance, méritant le nom de *sofas de lougans*, dont l'unique occupation consiste à forcer les vaincus à cultiver certains champs — *les lougans de Samory* — auxquels personne autre que les sofas ne doit toucher, sous peine de mort. Les produits en sont réservés aux combattants qui, eux, ne travaillent point la terre et se bornent à faire la guerre. Des quantités de riz, de mil, d'arachides et de patates sont rassemblées dans les magasins disséminés sur toutes les parties du territoire occupé. Les vrais sofas se nourrissent de riz et le reste est à l'usage du menu peuple. Le sofa méprise l'agriculture et ceux qui s'y livrent.

Pendant les famines assez fréquentes, il est bien rare que les habitants osent porter la main sur les lougans de l'almamy et on les voit pâtir à côté d'un superbe champ de riz et mourir même plutôt que d'y toucher.

La peur de Samory est si grande !

Telle est l'organisation militaire de l'almamy du Ouassoulou. Son but n'est pas celui d'un conquérant qui soumet des peuples pour les gouverner, les organiser et répandre le Coran. C'est plutôt la dévastation érigée en système. Samory n'a jamais montré la moindre qualité de pasteur de peuples. Son rôle s'est borné à dévaster les régions où il a porté ses armes, à réduire la majeure partie des habitants en esclavage et à les vendre aux quatre vents de l'Afrique pour se procurer des fusils et de la poudre. Partout il a semé la terreur et les ruines; partout il a fait le vide et le désert; et il a mélangé les peuples dans une horrible mixture qui comptera pour une bonne part dans l'unification des races du Soudan et dans le rayonnement de l'Islam au Centre-Afrique. En plus de vingt années de conquête, l'Attila nègre n'a pu réussir à fonder un vaste empire pareil à ceux des Bambaras ou des Toucouleurs. Plus de trente années seront nécessaires pour réparer les ruines et remettre ces pays au degré de fortune où ils étaient avant ses conquêtes. Il est bien certain toutefois que les circonstances l'ont porté à exagérer le système et notre action y compte pour une bonne part. En agissant comme il l'a fait, il a usé d'un moyen puissant pour nous combattre. Sa politique constante a été de mettre une grande ligne de désert entre lui et nos troupes et il continue à mesure que nous marchons en avant. Les difficultés de ravitaillement en munitions affaibliront plus que toute autre chose sa puissance offensive et ainsi les peuples de l'est finiront peut-être par le détruire. C'est tout ce que l'avenir réserve à ce grand conquérant nègre s'il se tient en dehors de notre action.

La distance de Kankan à Bissandougou est de cinquante kilomètres, par un terrain allant en pente douce jusqu'à la ligne de faîte qui partage les eaux du Milo et du Dion.

Le soir, j'établis mon campement au milieu

des ruines du village de Tintioulé où je trouvai deux hommes et trois femmes de brousse en train de se nourrir de papayes vertes, de petites tomates et de courges qu'ils faisaient cuire à l'eau, sans sel, dans un des nombreux débris de canaris en terre qui encombrent les environs des cases. La nuit était fatigante et pénible; des nuages noirs sillonnés d'éclairs me faisant craindre un orage, je fis dresser ma tente sur un terrain débroussaillé pour éviter le voisinage des serpents toujours fréquents dans les ruines. Vers dix heures, une tornade — la première de la saison — se déclara. Après le calme qui a succédé à une brise d'ouest, par une chaleur lourde on voit se former dans le sud-est un immense nuage noir à forme de croissant aplati vers sa concavité inférieure, rasant l'horizon, s'avançant au nord et au sud pendant qu'il monte vers le zénith où le nimbus paraît se diviser en plusieurs bandes parallèles et superposées; en même temps un grondement lointain annonce l'arrivée rapide de la trombe de vent qui passe avec fracas en soulevant une poussière aveuglante. La pluie suit immédiatement. On voit alors, pendant que le baromètre monte et que le thermomètre descend, le vent passer successivement du sud-ouest — point de départ — à l'est, au nord et enfin à l'ouest. Le tonnerre gronde avec une violence extrême et des éclairs puissants sillonnent les airs.

Quelques hommes se tenaient à mes piquets de tente que la violence du vent menaçait d'arracher et mes porteurs volontaires, au pied d'un grand figuier, cherchaient vainement à entretenir un feu que la pluie éteignait; ils étaient nus comme des vers de terre, boubous et pantalons en tas, et faisaient force grimaces sous cette douche froide qui donnait des frissons à leurs jambes maigres et démesurément longues. La pluie tomba pendant deux heures; puis, le calme se fit. Alors ce furent de grands feux de paille humide dégageant une fumée abondante et tout le linge fut mis à sécher, avant le sommeil.

La première tornade avait eu lieu le 25 février. Cette région au sud du Tankisso possède un hivernage bien réglé, plus précoce et plus durable que dans le reste du Soudan. Dans ces parages la saison des pluies commence fin février au lieu de débuter en mai; les pluies y viennent plus tôt et durent plus qu'ailleurs; le climat est différent.

Ma santé, fort altérée par un court séjour à Kankan, se rétablissait à mesure que je m'élevais vers Bissandougou où les terres sont plus hautes, les marigots plus encaissés et le sol moins marécageux.

Le matin, à mon départ, je rencontrai sur ma route de nombreuses pintades qui, à ma vue, s'enfuirent la tête basse en rasant le sol. Ces oiseaux sont si niais qu'il suffit, pour les rejoindre, de les tourner en se masquant de son mieux. Cette manœuvre habituelle ayant réussi, j'en abattis trois en deux coups, assurant ainsi mon déjeuner et celui de mes hommes.

A moins de mille mètres, sur un caïlcédra de la route, de belles perdrix encore perchées se préparaient à prendre la clé des vieux lougans, car le jour arrive vite.

— Veux-tu une perdrix? dis-je à Biskiti.

— Oui, doctoro, me répondit-il, en me tendant le fusil que je me gardai de prendre.

Alors, ayant retiré mon revolver des fontes, je fis feu sur l'arbre et une perdrix tomba morte en produisant un bruit sourd sur le sol.

Les porteurs n'en revenaient pas.

J'ajoutais que je les tuerai toutes ainsi, devant les hommes, encore sous un étonnement admiratif; je me gardai bien de leur laisser croire que cela n'était dû qu'au pur hasard. Cette aventure était faite pour donner un peu de confiance à ces *porteurs volontaires* dont la plupart avaient servi Samory et pour leur inspirer ce sentiment d'obéissance et de dévouement que les noirs accordent volontiers à celui qui leur parait supérieur surtout dans l'envoi d'une balle. Les désertions dans la brousse sont moins fréquentes. Ce qu'il y a de certain, c'est que je n'eus jamais à m'en plaindre, qu'aucun ne me quitta malgré les fatigues et les dangers du chemin et que plusieurs me donnèrent même des preuves de dévouement. On ne doit jamais beaucoup compter sur la reconnaissance des noirs, car ce sentiment leur est presque inconnu; il est même rare que ceux que vous traitez avec le plus de bienveillance ne viennent pas à en abuser. On n'a à se louer que de ceux qui ont confiance dans votre force ou dans votre adresse. Il est surtout indispensable de ne jamais montrer la moindre faiblesse et de punir illico tout récalcitrant, en observant la justice : un noir n'a jamais la rancune tenace contre celui qui l'a puni à propos et justement.

A onze heures du matin, je m'arrêtai pour déjeuner aux ruines de Botokola, sous les bocages du bois sacré contigu au mur du tata. C'est dans ces petits bois touffus et pleins de fraîcheur que les noirs sacrifient les poules noires qu'ils exposent ensuite aux arbres du chemin pour lancer des sortilèges à l'ennemi.

Dans l'après-midi je traversai de Sambiko et le Diamako où Samory avait établi, l'an passé, une formidable défense contre la colonne Humbert. Mon sergent d'escorte, qui avait été blessé dans ces deux combats, se mit à me conter ces événements en assez bon français. — Là, était le colonel; là, telle compagnie; ici nous avons pris de nombreux sofas qui s'étaient cachés dans l'eau pendant que les spahis les poursuivaient; voilà le baobab derrière lequel se tint Samory pendant toute l'action, entouré de trois griotes, jusqu'au moment où Karamako vint lui dire que la bataille était perdue et qu'il devait s'enfuir; voici les arbres sur lesquels l'almamy avait placé ses meilleurs tireurs qui blessèrent plusieurs artilleurs à leurs pièces. Il n'en finissait plus.

Comme la chaleur était accablante, je pris un excellent bain dans le Diamako au point où la route le traverse, sur un sable noirâtre et fin, en plein courant. De nombreux petits poissons fort curieux m'entourèrent aussitôt et je regrettai de ne pas posséder un petit filet qui m'eût permis, en quelques instants, de prendre une belle friture. Les bains dans les marigots produisent un grand soulagement et une telle détente à la fatigue que je ne manquais jamais d'en user plusieurs fois pendant les marches de l'après-midi.

Aux villages ruinés de la route on trouve déjà quelques beaux arbres à kola, verts, touffus et d'un beau port. Les noirs sont très friands de ses fruits rouge-brique qu'ils mâchent avec délices; ils en retirent une excitation analogue à celle du café. Les kolas sont l'objet d'un grand commerce dans tout le centre-Afrique; les prix augmentent selon qu'on s'éloigne d'avantage des lieux de production qui se trouvent au sud de cette ligne, vers le Nafana, le Kissi et les Rivières du Sud. Les dioulas les portent vers le nord dans toute la vallée et la boucle du Niger, sur les hauts plateaux du Soudan et jusqu'au Sénégal. Les marchés en sont toujours bien pourvus. La taille et la fraîcheur des amandes influent aussi sur les prix; mais cette dernière qualité est fréquente, grâce à l'emballage qui se fait dans de petites corbeilles sans anse où les fruits sont recouverts de feuilles vertes qu'on a soin d'arroser, aux étapes, en y pulvérisant de l'eau avec la bouche, ce qui — soit dit en passant — n'est pas très propre.

Je rencontrai bientôt des écumeurs de Kankan revenant de l'est avec plus de horions que de prises. Les pirates nous prenant de loin pour des sofas se mirent — sans doute pour nous intimider — à s'interpeller entre eux à vive voix : — Sergent! par-ci; caporal! par-là, pour se faire prendre pour des tirailleurs et en imposer.

Bientôt arrivèrent les officiers du poste de Bissandougou venus à ma rencontre avec quelques tirailleurs.

Bissandougou est l'ancienne résidence favorite de Samory et la capitale du Ouassoulou.

Le poste qui servait d'habitation à l'almamy se trouve situé sur la crête d'un petit mamelon, à cent vingt mètres d'altitude au-dessus du Milo. Il se compose d'un mur d'enceinte en terre entourant de superbes cases, les plus grandes et les plus belles du Soudan. Rondes, avec mur en pisé, elles atteignent dix mètres de diamètre; un immense chapeau de paille, artistement fait, les recouvre et met les habitants à l'abri du soleil et de la pluie. Deux portes opposées et quelques petites fenêtres rendent ces logements habitables, même pour les Européens. C'est dans ces belles cases que Samory logeait une partie de ses femmes. L'ancien village en ruines se trouve à petite distance du poste.

Je fus logé dans l'ancienne case de Sarankény, une favorite. La campagne à l'entour est fort jolie. Bissandougou, un des rares postes salubres du Soudan — ce que l'almamy avait lui-même constaté — est destiné à acquérir une certaine importance qu'il devra au bon état de santé des Européens qui pourront s'y livrer à un effort commercial suivi. La gutta-percha s'y trouve et le caoutchouc abonde; les cultures indigènes sont belles; de plus, ce pays se prêtera bien aux plantations de café qu'on ne manquera pas d'y faire à l'ombre de ses nombreux grands arbres. Le gros gibier se trouve à petite distance. Après une épizootie qui avait tué les bœufs du poste, des chasseurs purent fournir, en bœufs sauvages, kobas, gazelles et sangliers, assez de viande pour assurer les distributions journalières.

Pendant que je donnais des soins à quelques nègres, un vieux tirailleur m'amena un Ouassoulounké, qui était arrivé le matin même de Kérouané, porteur d'un courrier pressé. Cet homme avait été attaqué, de nuit, par une panthère qui lui avait mis la figure en lambeaux. Dans un terrible corps à corps, le fauve avait été poignardé. Quoique grièvement blessé, ce courrier avait eu la force d'arriver et de porter sa lettre. Le vieux tirailleur, se croyant quelques connaissances en chirurgie pour avoir été autrefois ordonnance d'un médecin de Médine, s'était mis à suturer les plaies avec du fil à voiles; et il avait, tant bien que mal, cousu la figure déchirée du blessé impassible, sans douleur pour l'opérateur.

Bien que cela valût mieux que rien, je fus obligé de recommencer sa besogne.

Nous allâmes ensuite visiter les jardins où se trouvaient des citrons, des oranges, des ananas, des bananes et quelques légumes de France.

De Bissandougou je me dirigeai à l'ouest vers le Milo, à travers la brousse, marchant au compas, dans un pays que jamais Européen n'avait encore traversé. Les marigots de la région sont encaissés et à courant rapide vers la rivière. De temps en temps des ponts — quelques grosses branches jetées d'arbre à arbre, d'une rive à l'autre — indiquent une piste disparue sous les herbes. On rencontre de nombreux anciens champs de l'almamy avec les ruines des greniers et des cases habitées par les sofas de lougans. Ces parages étant inconnus, je dus prendre quelques dispositions de sûreté. Quelques sofas ou des hommes de brousse fuyaient devant moi le long des marigots. Au fond d'un ravin, mon cheval s'enlise et s'abat; nous eûmes beaucoup de mal à le retirer de la vase. Enfin, quelques pas plus loin, nous sommes complètement perdus; jusqu'au soleil qui se met de la partie en se cachant derrière les nuages. On cherche, on va, on grimpe sur une colline élevée d'où j'aperçois enfin le Milo. Namouké, qui est allé de son côté à la découverte, manque à l'appel. Des *Namouké ho!* nombreux poussés par les volontaires lui permettent de nous retrouver. Enfin nous arrivons sur la rivière en face de Mananfara et un canot se détache pour nous passer.

Mananfara est un des petits postes installés sur le Milo qui est la base des opérations contre Samory et la voie de ravitaillement de la colonne de Kérouane et des postes à créer dans l'extrême Sud. Sur la ligne Kankan-Kérouané on trouve Kénimbury, Maréna, Mananfara et Babyla. Ces points de surveillance des gués sont entourés d'un sanié fait de troncs d'arbres; à l'intérieur, des huttes en paille servent de logements et de magasins.

Dès que l'ambulance d'arrêt fut construite, je pus continuer ma route vers le sud. Les bandes du Kissi, battues et désemparées, remontaient au nord-est pour passer le Milo et gagner le Dion où l'almamy s'était établi; elles marchaient par petits groupes dans la brousse, vivant de patates cueillies dans les vieux lougans, afin de ne pas donner l'éveil et de passer les gués inoccupés de la rivière. Cette marche étant ignorée, je partis le 1er mars avec l'assurance que les routes étaient sûres et complètement libres, escorté par cinq tirailleurs et suivi de mes hommes. Le soir venu, je m'arrêtai pour passer la nuit sur un petit plateau au pied duquel coulaient deux marigots, à deux kilomètres de la rivière, guéable en ce point.

La route se fit sans encombre. Je remarquai, toutefois, sur quelques crêtes, la présence de certains noirs semblant prendre grand intérêt à ma marche, mais ils se tinrent à grande distance pour disparaître et se cacher dès qu'ils se croyaient aperçus. Bien que l'on m'eût garanti la sûreté des routes, ces courtes apparitions dénotaient la présence de sofas plutôt que celle des hommes de brousse qui ne quittent guère les marigots. De leur côté, mes *volontaires* et surtout mes hommes témoignaient une certaine inquiétude. Je fis dresser ma tente sous un grand arbre, à quelques pas de deux cases brûlées, dont la muraille encore solide pouvait m'offrir une défense en cas d'incident et, sur le sentier, à dix mètres, un factionnaire fut placé avec consigne d'exercer une grande surveillance sur le plateau bien découvert. De grands feux furent allumés à petite distance des chevaux et les armes rangées en faisceau à côté des hommes. Après avoir visité les environs et constaté un calme absolu, je rentrai dans ma tente, non pour dormir, mais pour avoir le plus bel accès de fièvre qu'il soit possible de grelotter; car j'avais négligé, la veille, de prendre de la quinine préventive, fort utile dans ce pays du Milo où les marais sont fréquents. Cet incident tint mes hommes éveillés afin de me donner des soins; du thé bien chaud ne tarda pas à ramener une grande chaleur suivie d'une abondante transpiration, la fin de l'accès.

Vers onze heures, après m'être drapé dans mon burnous, je me levai un instant pour prendre le frais en dehors de ma tente et, m'étant assis sur un pliant, je pus savourer la fraîcheur de la nuit qui me donnait un grand bien-être après la pénible crise d'où je sortais brisé. J'étais en face du factionnaire que ma présence tenait éveillé contre ses habitudes, et, le coude appuyé à l'arbre, le front dans la main, la tête vide, le regard perdu dans les nuages qui montaient à l'horizon, je vis tout à coup le tirailleur mettre en joue sur la route et interpeller quelqu'un. Un nuage cachait la lune depuis quelques instants. Sur le chemin, à vingt mètres, une masse noire, un homme, le fusil sur l'épaule et le sabre au côté à la manière d'un garde-champêtre, s'était arrêté en s'accroupissant sur les talons, faisant mine d'épauler son arme. Les chevaux hennissaient en piaffant, l'oreille haute; les volontaires couchés sur le sol, entendant un grand branlebas de pas dans la brousse, s'étaient assis autour des feux qu'ils tisonnaient. Le malencontreux s'était à peine accroupi que déjà Sadio et Namouké, — en moins de temps qu'il n'en faut pour le dire, — le désarment et me l'amènent par les deux épaules en le poussant rudement devant eux. C'était un sofa! Pendant que chacun prend ses armes j'ordonne aux volontaires de multiplier les feux et j'envoie en avant deux patrouilles avec consigne de ne tirer qu'en cas d'attaque et à bout portant et de rallier, s'il y a lieu, les deux cases où devait se faire la défense en cas d'attaque.

— Tu es sofa de Samory? dis-je à l'homme par le canal de Biskiti; d'où viens-tu? que voulez-vous? êtes-vous nombreux? dis la vérité, sans quoi, gare!

Le factionnaire, baïonnette au canon, s'était approché.

Le sofa me dit, effrayé : — Je me nomme Sory, je précède la bande d'Amara, fils de Samory et nous allons passer la rivière que nous ne croyions pas occupée. L'ayant fait garder à vue, je le laissai à genoux devant mon pliant pour m'assurer de la bonne exécution de mes ordres. Plus de trente feux flambants devaient faire croire à une troupe nombreuse que l'ennemi n'oserait certainement pas attaquer pour gagner le Milo. Les tirailleurs de ronde me disent qu'il y a beaucoup d'hommes dans la brousse aux environs, mais qu'ils se sont éloignés en les apercevant. Je fis continuer les patrouilles par les volontaires marchant avec un tirailleur; comme arme ils portaient au bras un gros bâton qui pouvait être pris, de loin, pour un fusil. Tout mon plan consistait à faire croire à la présence d'une forte troupe de tirailleurs et il réussit admirablement. Après avoir écrit un mot au crayon au poste de Mananfara pour signaler la présence des sofas, je le remis à un volontaire dévoué qui partit aussitôt; il porta fidèlement la lettre après avoir parcouru plus de quinze kilomètres en moins de deux heures.

Cela fait, il n'y avait plus qu'à veiller. La question capitale, c'était d'empêcher que le sofa ne

s'échappât et ne donnât à la bande de Samory
les renseignements sur notre situation réelle qui
n'était guère brillante. A cet effet, comme je ne
disposais pas d'assez d'hommes pour les distraire à la garde du prisonnier, je le fis amarrer
solidement pieds et mains à un arbre avec des
cordes solides qui ne lui faisaient aucun mal;
et je continuai à l'interroger sur sa bande et sa
marche ainsi que sur la position des trois autres
qui la suivaient à petite distance. Le sofa Sory
déjà un peu rassuré par la promesse de la vie
sauve — ce qui étonne toujours — me donna
des renseignements d'une rigoureuse exactitude,
comme les événements le prouvèrent dans la
suite.

— Sory faisait partie de la bande de Bilaly,
le jeune, sous le commandement en chef de Ténessokoba et des fils de Samory, Amara et Ké-
némory. Il s'était battu contre nous à Fidaoua,
dans le Kissi, où les sofas avaient subi de grandes pertes : Amara avait eu la poitrine traversée
par une balle; Fonsigui et Manibaoulé avaient
eu les bras fracassés; beaucoup avaient été tués
ou blessés. En déroute et mourant de faim, les
sofas s'étaient franchement jetés dans la brousse
où leur nourriture avait été de patates crues
arrachées des vieux lougans; ils montaient

ainsi jusqu'au gué qu'ils ne croyaient pas gardé et allaient passer la rivière cette nuit même si je n'avais pas été à la garder, sans le savoir.

Le hasard est grand et souvent un résultat important est obtenu par de faibles moyens et sans qu'on s'y attende !

Je laissai Sory sous la surveillance du factionnaire, non toutefois sans le prévenir d'observer, quoi qu'il arrivât, un silence absolu, s'il ne voulait être passé par les armes séance tenante. Je craignais, en effet, que par quelque cri ou certains mots prononcés en ces langues du sud que mes hommes ne comprenaient guère, il pût donner un signal ou une indication à ses camarades de la brousse.

Comme de juste, personne ne ferma l'œil de la nuit et nul n'y songea, malgré une extrême fatigue. Ayant allumé ma pipe, je fis moi-même quelques rondes pour me rendre compte de la situation ; rien ne bougeait à l'entour : les sofas s'étaient retirés dans les marigots voisins, à bonne distance.

Cette veillée des armes parut un peu longue. Enfin, vers cinq heures du matin, soixante tirailleurs commandés par un adjudant arrivèrent au pas accéléré, suivis du porteur volontaire que je récompensai largement. Cet homme — ancien sofa lui-même — ayant aperçu des gens de Samory sur son chemin, s'était jeté franchement dans la brousse pour gagner le poste de Mananfara, — par quels chemins, Allah seul le sait! — Il était donc arrivé à bon port et, mon mot reçu, le brave lieutenant Delaverrerie m'avait expédié son monde disponible, ne gardant que le strict nécessaire pour sa sûreté.

Après avoir donné à l'adjudant certaines indications, il envoya fouiller les deux marigots par deux petites sections qui ne tardèrent pas à ouvrir le feu sur l'ennemi. Les sofas ne résistèrent pas longtemps. On en tua douze et l'on prit plusieurs chevaux, des femmes et des enfants. Amara, que sa blessure de Fidaoua rendait impotent, ne dut son salut qu'au dévouement de deux esclaves qui l'emportèrent dans la montagne en le soutenant par les épaules. Du haut d'une crête, à quinze cents mètres, les sofas nous envoyèrent plusieurs feux de salve avec leurs fusils à tir rapide. Quelques balles se perdirent dans mon arbre. Un feu des tirailleurs les éloigna.

Parmi les deux enfants qu'on avait pris je remarquai le petit Fasi qui, l'avant-veille avait quitté un sergent qu'il servait en qualité de domestique. Le jeune garnement qui, pour tout vêtement, portait un couteau dans sa gaîne suspendu par un fil au haut des cuisses, avait été pris par les sofas dans sa fuite et fait esclave. Il venait d'avoir la bonne fortune d'être repris par nous et rendu à la liberté. La leçon étant bonne, Fasi promit de ne plus faire d'escapade et il tint parole.

L'adjudant étant resté lui-même à garder le gué je repris la route de Kérouané avec cinq tirailleurs de plus, ce qui portait à dix hommes mon escorte. Le sofa Sory fut détaché; il dut porter sur sa tête la charge du volontaire qui avait les pieds meurtris par les épines de la route; il s'y prêta de fort bonne grâce, heureux d'en être quitte à si bon compte. Je donnai ses armes aux deux hommes qui l'avaient arrêté.

A notre suite venait un grand convoi de quatre cents porteurs, grand serpent se déployant sur une longue étendue, s'incurvant aux marigots et sur les flancs des collines. Les hommes et les femmes marchaient en file indienne dans un grand silence de mort, avec les sacs de riz et les caisses de biscuit sur la tête. De temps à autre on entendait le bruit sourd d'une charge tombant à terre.

L'habitude de porter des caisses aplatit les crânes à la longue et les cheveux tombent en tonsure entre le front et l'occiput.

Ces gens, qui portent de quoi satisfaire leur faim, n'y touchent presque jamais dans la crainte d'une punition; ils se contentent de leur maigre pitance et de l'eau des marigots qu'ils boivent à bouche ouverte, par un mouvement précipité de la main qui leur amène un filet d'eau en produisant un glouglou particulier. M'étant arrêté pour déjeuner, je laissai passer le convoi qu'on distingua encore longtemps au nuage de poussière qu'il ne cessait de dégager. Sur la berge d'un marigot je remarquai la trace fraîche de quatre chevaux qui venaient du Milo afin d'y chercher un gué sans doute.

A petite distance un grand mouvement se faisait dans la brousse et l'on voyait quelquefois des têtes noires. Les tirailleurs tirèrent dessus. Au lieu de sofas, comme on le croyait, on vit de gros singes noirs s'élancer dans les arbres et s'éloigner par cette voie aérienne.

Les sofas sont généralement habillés d'un boubou de guerre jaune et coiffés d'un grand chapeau de même couleur, orné de quelques plumes d'autruche noires; cela les fait ressembler assez aux singes qu'on avait tirés par mégarde. On ne pouvait dans ces parages que s'en tenir à la chasse à l'homme.

La route se continua sans autre incident que

quelques coups de feu des sofas perchés en observation sur les crêtes; il ne fut pas utile d'intervenir.

Les gens de l'almamy semaient sur le chemin leurs traînards faméliques. C'étaient à chaque instant des corps de femmes récemment mortes, transformés en squelettes par les hyènes; d'autres n'étaient plus que des momies desséchées, sans muscles, sans entrailles, la peau collée sur le squelette — des momies d'Égypte sans bandelettes. Les passants avaient eu soin de prendre pour leur usage les quelques lambeaux d'étoffe déchirée par les ronces, qui les couvraient.

Sur les bords d'un ruisseau où je faisais halte, trois femmes étiques étaient étendues; elles avaient la peau collée aux os; la tête semblait un crâne peint en noir. Elles étaient abandonnées ces faméliques que la faim et des blessures aux pieds empêchaient de marcher, et vouées à une mort prochaine, car la force leur manquait pour aller chercher quelques maigres patates dans les vieux lougans. Une d'elles, la plus jeune, conservait encore assez de vigueur pour puiser de sa place un peu d'eau qu'elle donnait, de temps à autre, à sa mère et à sa grande sœur mourantes et aphones. Malgré la disette, une grande pitié me prit à la vue de ces infortunées lâchement abondonnées par les sofas. Je mis à tremper dans le courant le dernier biscuit de mes sacoches et j'en fis trois parts égales que je leur donnai. La vue d'un aliment les tira un peu de leur torpeur; elles tendirent la main pour avaler ce biscuit gonflé et tendre comme de la galette, sans dire un mot, sans laisser apparaître sur leurs faces racornies autre chose que la satisfaction d'assouvir un besoin. La fille aînée n'eut pas la force de terminer sa part et elle mourut sous mes yeux; les deux autres, sans s'occuper de la morte, burent un peu d'eau que Biskiti coupa de quelques gouttes de tafia; cela les réconforta et délia leurs langues. La vieille me remercia d'un signe et sa fille me conta, en quelques mots, son histoire que je ne voyais que trop, son abandon par les sofas qu'elles accompagnaient depuis le Kissi. Sans qu'elle me le dît je lus dans ses yeux la prière qu'elle semblait m'adresser de les sauver.

Pauvres malheureuses! que faire? et comment les porter, à moins de les prendre en croupe? Mais nous étions tous à charge complète et très fatigués. Les laisser là c'était les vouer à une mort certaine et les exposer à être la proie des fauves. A la hâte je fis construire une civière de fortune à l'aide de quelques branches. Sadio se montra fort habile à cette besogne qu'il termina en un clin d'œil, à l'aide du sabre que je lui avais donné.

Les deux faméliques, qui ne pesaient pas, à elles deux, soixante livres, y furent étendues côte à côte sur une mince couche d'herbe; leurs jambes ressemblaient à quatre bâtons noueux. Elles ne firent aucune attention à la morte qui restait à la même place. Un porteur haut-le-pied et Biskiti enlevèrent la civière légère comme une plume.

Les volontaires disaient : — « Ah! ces toubabo! » sans doute dans l'étonnement où ils étaient de ce que je venais de faire, tant ils comprennent peu les sentiments d'humanité.

Nous rencontrâmes encore de pareilles infortunes; mais, hélas! il était impossible d'y porter remède.

Une femme encore jeune était assise sur le bord de la route; les sofas lui avaient littéralement haché les épaules de coups de sabre sans faire tomber les membres; le sang desséché indiquait que l'attentat remontait à la veille, et des blessures aux pieds l'empêchaient de marcher. La malheureuse m'avoua que les sofas l'avaient placée là pour observer nos mouvements, qu'on lui avait haché les épaules afin que nul n'eût envie de la secourir, et que la nuit les bourreaux venaient lui demander des nouvelles sous la menace de l'achever.

Plus loin, un enfant dans de semblables conditions. Je leur donnai un peu de riz en les assurant que tous les gués étaient gardés. Les postes prévenus par mes soins firent sur toute la ligne la chasse aux sofas.

J'arrivai à Babyla, au gué qui traverse la grande route de l'Est. L'adjudant qui le commandait venait de faire une expédition vers Illaco, où il avait surpris, au petit jour, une partie de la bande de Ténessokoba.

Illaco est un petit village de lougans où quelques sofas avaient passé la nuit dans leur mouvement de retraite vers le Nord. Après quelques heures de marche à la poursuite des fuyards qu'il suivait aux traces, il arriva, à l'aube, sur le village gardé à quelque distance par des factionnaires endormis selon l'usage et aussi par suite des fatigues et de l'abstinence. Les tirailleurs pénétrèrent au pas de course en poussant leur cri de guerre : You ! you ! et en tirant quelques coups de fusil. La bande se réveilla affolée et s'enfuit par le marigot vers la montagne en faisant de grandes pertes. Les femmes et les enfants furent pris ainsi qu'un bagage considérable de fusils, de cartouches, de corans et d'étoffes. Ténessokoba — nouveau Joseph — y laissa son manteau de guerre, évalué vingt captifs. Ce vêtement de grand chef, en toile jaune du pays, est couvert de grisgris de valeur l'alourdissant si fort qu'il ne peut guère servir que dans les parades. Il y a des griffes de panthère, des dents de caïman, des défenses d'hippopotame, des triangles en peau de serpent, des carrés de peau de girafe, des bouts de corne d'antilope et de mouton, et, parmi tout cela, des versets du Coran enfermés dans de petites plaques de cuir de toutes les couleurs.

Les prisonniers furent chargés de porter le butin et la petite colonne rentra à son poste.

Du gué de Babyla je me rendis aux ruines de Sonokoro où je campai, le soir. Comme beaucoup de cases étaient à argamasse en terre et que pour ce motif Samory n'avait pas pu les brûler, j'y fis installer mes hommes dans la crainte d'une tornade qui menaçait du côté du Milo où des éclairs nombreux éclairaient de temps à autre une nuit noire.

Comme nous étions réduits à la ration congrue des patates des lougans, le palefrenier mangea, en se cachant, du manioc dont j'avais interdit l'usage dans la crainte des empoisonnements. Amady profita de la nuit pour calmer son estomac et il négligea d'enlever complètement la pellicule toxique des racines. Il était triste à côté de son cheval, souffrant beaucoup de coliques sans avoir encore osé se plaindre. Enfin, n'y tenant plus, il s'élança comme un fou vers la brousse où Sadio et Biskiti le suivirent dans le but de savoir ce qui se passait. Les tirailleurs d'escorte croyant aux sofas, prennent les armes jusqu'au retour — qui ne se fit pas attendre — des trois hommes. Amady hurlait de douleur et présentait tous les symptômes de l'empoisonnement.

— Tu as mangé du manioc, vilain drôle? lui dis-je en préparant quelques médicaments à son intention.

— Oui, doctoro; pardon!... je ne recommencerai plus...

Et de hurler en se tenant le ventre. Il resta une bonne heure à souffrir, puis il s'endormit profondément sur le sol, le ventre au feu.

La nuit était profonde : on n'y voyait pas à deux pas loin du feu et sans les éclairs. Je rentrai dans ma case que l'on avait eu soin de rendre propre et je me disposai à dormir. La tornade prévue arriva bientôt avec son cortège de tonnerre et de vent. La pluie abondante dura près de deux heures. Dès que le toit de ma case fut détrempé, l'eau, arrivant par quelques gouttières, m'obligea à me déplacer jusqu'à ce que la terre liquide se mît à tomber sur ma tête et que le toit menaçât de s'effondrer. Je dus donc sortir sous la pluie, car le vent d'ouest ne permettait guère de dresser ma tente. Les hommes en firent autant; ce n'était pas gai! Enfin le calme s'étant fait, je pus m'étendre au sec sur trois cantines posées bout à bout et dormir jusqu'au matin.

Au réveil, un courrier de Kérouané arriva avec une lettre. Il portait deux larges cicatrices à la nuque comme si on avait tenté sa décollation. Comme cela m'intriguait un peu, il me conta que, pris autrefois par Samory, il avait été condamné à avoir la tête tranchée. Un sofa avait déjà commencé la lugubre besogne lorsqu'il fut délivré par une attaque inopinée de l'ennemi. Les plaies résultant des deux premiers coups de sabre s'étaient vite fermées.

— N'as-tu jamais toi-même coupé de têtes? lui dis-je en pliant la lettre.

— Oui, j'en ai coupé, ajouta-t-il avec une certaine fierté dans l'œil.

— Fort bien! conte-moi donc comment tu t'y prenais. Et je m'assis sur une caisse pendant que mes hommes préparaient lentement les charges fort alourdies par la pluie de la nuit.

Il s'accroupit sur les talons et, les coudes au genou et les mains jointes en haut selon l'habitude du noir qui palabre, il dit :

— J'étais autrefois captif dans le Ouassoulou chez un maître qui m'aimait beaucoup et ne cessait de me donner des marques de sa bienveillance; aussi, dès qu'il avait à se plaindre de quelqu'un ou d'un ennemi pris à la guerre, j'étais chargé de procéder aux exécutions.

— Tu étais tout simplement le bourreau de ton maître!

N'ayant pas compris ce mot que Biskiti se garda bien de lui traduire, il ajouta :

— A cet effet il m'avait gratifié d'un grand sabre fait à Kong par d'habiles forgerons qui savent bien travailler le fer; je le portais au côté dans son étui de cuir de Ségou, suspendu à un baudrier de laine rouge à gros glands jaunes que des dioulas avaient apporté de chez les Toubabo qui sont près du grand marigot.

— Tu veux dire la mer.

— Oui la *mèrrr*, et il poursuivit :

— Les mousso (femmes) me regardaient

beaucoup avec mon beau sabre qui me donnait de la considération, à moi, captif de mon maître. Lorsqu'il s'agissait de couper une tête, on conduisait le condamné devant moi sous la garde de quelques sofas armés de fusils. Je le suivais à quelques pas en marchant sur mes pieds — mes ergots — et l'on traversait une partie du village pour se rendre au champ des exécutions qui se trouvait à quelques pas du tata sous un grand arbre. Tout le monde venait après moi, hommes, femmes et enfants, que deux griotes, le fouet à la main, refoulaient de temps en temps en caressant les jambes nues. Je sortais mon sabre de Kong de son fourreau et j'exécutais quelques moulinets au-dessus de ma tête en dansant le pas du condamné à mort, à la joie de la populace grouillante.

Dans les intervalles, le condamné, plus pâle qu'un Toubabo, me demandait de l'expédier proprement et avec rapidité, me promettant son boubou et le grisgris qu'il portait au cou.

Sur le champ du supplice l'homme, après avoir ôté son boubou, s'agenouillait devant moi, les mains sur les cuisses afin de donner un peu de fixité au cou; puis il étendait la tête. — Suis-je bien, ainsi? me disait-il au milieu du silence troublé seulement par le bruit lointain de quelque pilon à couscous manié par les esclaves aveugles. Il se remettait en position.

Alors, le sabre en main, j'étais obligé de lui mettre la tête à point et de la tourner légèrement de l'autre côté, car il ne cessait de risquer un œil pour voir ce qui passait. Et lorsque du pouce gauche trempé dans la salive j'avais marqué la ligne, me rejettant en arrière je lui détachais la tête sans qu'il eut poussé un cri.

— Un seul coup? lui dis-je.

— Oui... quelquefois... si le sabre est rouillé, on est obligé d'y revenir encore plusieurs fois.

Horrible! cet homme, tout plein de son sujet, venait d'éprouver — c'était visible — une douce émotion, car tout nègre au Soudan doit savoir couper une tête et il en est fier.

Dans le dégoût que son récit m'inspirait une chose m'avait frappé : c'était la pâleur du condamné, sous le sabre. Pour bien me rendre compte de la couleur je le priai de me montrer une étoffe donnant exactement la nuance du condamné.

— Comme cela! me dit-il en montrant le boubou blanc de Biskiti.

D'après ce dilettante du sabre les nègres blanchissent donc à la vue de la mort.

Je donnai quelques kolas à l'ancien bourreau et je m'éloignai, péniblement impressionné.

Pendant cette marche, je rencontrai une émigration de plusieurs milliers de gens du Kissi que nos troupes avaient enlevé aux sofas de Samory et qu'on envoyait au nord pour repeupler les territoires dévastés par la guerre, l'horrible guerre des nègres. Tout le monde vivait des patates arrachées aux anciens lougans de l'almamy où les mains avides fouillaient la terre âprement.

La variole faisait rage parmi eux et occasionnait de nombreux décès dus aux complications produites par la misère et la fraîcheur des nuits.

Je fus obligé de prendre des mesures sévères d'isolement et de désinfection.

L'épidémie s'arrêta au poste quarantenaire du Tankisso.

CHAPITRE XII.

COMBATS CONTRE LES HIPPOPOTAMES.

Kérouané. — La garnison assiégée. — La niche de Sanaoulé. — Sanatorium de Kérouané. — Le convoi de blessés sur le Milo, près de Babyla. — Attaque des hippopotames et combat. — Sadio, parent de l'hippopotame, est protégé. — Les hippopotames barrent encore la route près de Mananfara. — Deuxième combat. — Amady et le sofa. — Les rapides de Kénimbury.

Le 9 mars, après avoir traversé le Milo à la nage, j'arrivai à Kérouané, dernier point occupé dans l'extrême Sud. Pendant une bonne partie de l'hivernage le poste avait été assiégé par les sofas, et la garnison avait dû batailler tous les jours pour se donner de l'air et chercher à rétablir ses communications. Deux compagnies de tirailleurs accomplirent de véritables prouesses dignes de soldats européens, et le blocus, formé à portée de canon, ne fut levé qu'en décembre, sous la menace de la colonne annuelle qui s'avançait.

L'audace des assiégeants fut poussée si loin qu'ils réussirent plusieurs fois à venir couper le mil des réfugiés indigènes et à enlever même des femmes. Samory, regrettant beaucoup son ancienne résidence et Sanankoro, le pays de son père, dirigeait lui-même les opérations; il n'évita même d'être pris vivant qu'à sa fuite précipitée sur un cheval. C'est dans une de ces opérations que trouva la mort un jeune officier qui étant blessé à la tête de sa section d'une balle à la cuisse, fut subitement entouré, lui et ses hommes, par des forces nombreuses de sofas. On criait déjà : « Qu'on le prenne vivant! » Les tirailleurs — un contre dix — couvrirent bravement l'officier blessé en dirigeant sur l'ennemi, aux quatre faces, un feu nourri et meurtrier; mais la situation devenait de plus en plus critique lorsqu'une compagnie vint à temps les dégager à la baïonnette et au pas gymnastique. La petite colonne de sortie ayant atteint son but de déloger l'ennemi et de brûler ses cases, repassa la rivière sous les feux de salve tirés de loin. Pour comble d'infortune, le malheureux officier que l'on portait en civière fut tué raide d'une balle reçue en plein cœur.

Malgré leurs efforts, les sofas n'ont jamais

réussi à prendre un officier vivant. Ce n'est pas que Samory ne l'ait demandé maintes fois en leur disant :

— Amenez-moi un Toubabo vivant afin que je lui fasse travailler mes lougans.

On raconte qu'autrefois — j'ignore si c'est de la légende — un Européen pris vivant fut amené devant le cruel almamy qui, après l'avoir montré à ses bandes dans une revue, le fit suspendre à un arbre, le corps nu et retenu sous les bras par des cordes, l'abandonnant à ses femmes. Les viragos lui donnèrent assez de nourriture pour l'empêcher de mourir en lui faisant subir journellement des outrages — blessures, ablations de chair, etc. — et le supplice de la mort lente.

La tactique de Samory d'envoyer des cavaliers sur les flancs et les derrières de nos troupes en marche rend la chose possible et l'explique.

Le poste de Kérouané est l'ancienne demeure de l'almamy. Le tata, de forme circulaire, couronne le sommet d'un plateau s'étendant en pente douce de tous côtés vers la rivière et les montagnes qui l'entourent à distance variable, à l'est et au couchant; il commande la plaine et la vallée du Milo. Le mur, élevé de plusieurs mètres, est très épais; deux tours rondes s'élevant sur les portes nord et ouest lui donnent, de loin, l'aspect d'un vieux château féodal.

A la porte nord, la principale, sur le mur extérieur de la tour, une petite niche, semblable à celle de la madone, renferme une tête momifiée qu'on prendrait pour un crâne noirci. Cette tête a une histoire digne d'être contée.

— Pendant les nombreux petits combats de l'hivernage les tirailleurs gradés ou non engageaient, à la façon des guerriers de Troie, des colloques avec les sofas. Pendant l'action, les noirs ont coutume, entre deux balles, de lancer des provocations et de cruelles insultes à leurs ennemis, les tirailleurs aux sofas, les gradés aux chefs. Il en résulte des froissements personnels qui suscitent de vives colères suivies quelquefois de véritables corps à corps. Le caporal Biré, un vieux à trois brisques et couvert de blessures gagnées dans dix années d'opérations, se trouva un jour grossièrement interpellé par un chef sofa nommé Sanaoulé, qui alla même jusqu'à *insulter sa mère,* suprême injure qui rend les noirs ivres de rage et de colère.

Biré lui cria :

— Ako! je suis le caporal Biré et je te méprise, Sanaoulé, fils de chien, vil esclave de Samory!

Et, en prononçant ces paroles, il agitait l'ombrelle rouge qu'il ne cessait de porter, dans ses expéditions, à côté du fusil. Sanaoulé, ayant répondu par de nouvelles invectives, s'avança à quelques pas de ses hommes comme pour le provoquer à un combat singulier. Biré, ne gardant que son fusil, marcha à son tour contre le fils de chien, devant les tirailleurs et les sofas en arrêt. Les deux ennemis se précipitent bravement l'un sur l'autre et déchargent leurs armes à quelques pas de distance. Sanaoulé tomba, la poitrine traversée; et Biré, dont la chéchia rouge venait d'être trouée, lui coupa la tête à la barbe des sofas ahuris et s'empressa de s'éloigner. Comme ceci se passait vers la fin du jour, Biré rentra de nuit au poste avec son trophée, sa patrouille finie; et dans une niche creusée au-dessus de la porte par les soins des hommes de garde, fut placée la tête de Sanaoulé.

Le lendemain on dut se borner à faire une petite réprimande à Biré. Pour la madone de la niche, la tête y resta et elle s'y trouve encore comme le témoignage des nombreux combats livrés par les tirailleurs du poste qui professent pour les sofas un mépris et un dédain incalculables.

Ce fait d'armes s'étant répandu comme une traînée de poudre dans toute l'armée de l'almamy, ajouta encore au renom de Biré dont l'ombrelle rouge fut, plus que jamais, un objet de terreur.

Le cercle d'investissement s'élargissait de plus en plus; toutefois les courriers ne pouvaient guère passer, surtout depuis que Samory avait pris l'habitude, après leur avoir fait trancher la tête, de placer les cadavres sur la route, la tête d'un côté et le tronc de l'autre.

A l'intérieur du tata s'élèvent, rangées en cercle, des cases aussi belles que celles de Bissandougou; au centre est une cour semée de sable et de cailloux fins. Partout la symétrie et un soin tout particulier paraissent dans les constructions. La garnison européenne habite dans les cases des femmes de l'almamy, très confortables pour le pays.

La plaine qui s'étend autour du poste est assez fertile. On y voit les ruines de plusieurs villages et d'une muraille en terre qui du tata allait vers le Milo, formant camp retranché dans lequel les surprises n'étaient pas à craindre. Ces travaux n'ont jamais été utilisés contre nous à cause de l'habitude de Samory de ne se battre qu'en rase campagne en choisissant, autant que possible, les marigots qu'il couvre de défenses accessoires. C'est à cette tactique qu'il doit de ne jamais avoir été détruit, quoique battu sans cesse. Les montagnes qui bornent la vue à petite distance sur l'horizon sont élevées, boisées et bien arrosées par des ruisseaux qui ne tarissent jamais. A l'ouest, à mi-montagne, près d'une belle cascade, se trouve un merveilleux emplacement de sanatorium, destiné à rendre de grands services aux Européens dès que le calme sera complet dans le pays — ce qui ne saurait tarder. La région de Kérouané, surtout au sud, est destinée à un certain avenir lorsque des années de paix l'auront repeuplée. En dehors des cultures indigènes, des kolas, de la gutta-percha et du caoutchouc, le café, la canne à sucre et le cacao peuvent y pousser. Les ananas, les citrons, les oranges et les bananes y sont de bonne qualité. Bien plus, les Européens qui voudront établir leurs demeures sur la montagne pourront s'y maintenir dans de bonnes conditions de santé leur permettant de se livrer à un effort agricole et commercial soutenu, seule garantie de réussite. On peut dire que ces régions du sud-est du Soudan sont les seules appelées à nous donner des avantages qui nous dénommageront peut-être à la longue des dépenses considérables en hommes et en argent que la conquête nous a coûtées.

Je quittai Kérouané le lundi pour évacuer, par le Milo, les blessés de la colonne qui venait d'arriver du Nafana. En toute saison cette rivière se prête à un régime de batellerie, sauf sur quelques seuils où les rapides obligent à rompre charge. Le Milo est généralement étroit et encaissé, et les rives sont couvertes d'une belle végétation. Les blessés furent chargés sur des pirogues du pays faites de deux troncs d'arbres creux et assemblés à l'aide d'une suture à points espacés. Au milieu j'avais fait construire un dôme en paille destiné à protéger les Européens contre les intempéries et le soleil. Un saumono debout à chaque extrémité, le long bambou en main, les fait avancer bien vite en plongeant la perche au fond de la rivière, le point d'appui. En tête et en queue du convoi, des tirailleurs d'escorte pour protéger contre les sofas si le besoin venait à s'en faire sentir. Au centre se trouvaient, à la file indienne et à petite distance pour éviter heurts et abordages, les douze pirogues portant les blessés et le personnel de l'ambulance flottante.

On marcha jusqu'à cinq heures du soir sans incident et le campement fut établi sur un banc de sable de la rive droite. Cette longue marche n'avait occasionné aucune fatigue aux blessés.

Le lendemain matin, je partis au jour pour gagner le gué de Babyla où des vivres étaient préparés. Le lit du Milo se resserre fort en certains endroits, surtout aux coudes formés aux pieds de certaines collines qui semblent s'être placées là dans le but de barrer la route.

Les pirogues du convoi marchaient donc bien tranquillement en conservant les distances, mais assez rapprochées pour pouvoir se porter mutuel secours en cas de besoin. Nous arrivons à un coude très accentué, où le Milo passe resserré et profond entre une belle colline et un banc de sable. Huit pirogues ont déjà passé en paix lorsque se produit l'événement le plus extraordinaire que j'aie jamais observé au Soudan dans mes longues et nombreuses pérégrinations sur les fleuves et les rivières. La neuvième pirogue se trouvait déjà engagée sur la partie rétrécie du coude lorsque, du fond de l'eau où il devait dormir, un gros hippopotame, sous la pression sans doute de la perche d'un saumono, se réveille et vient à la surface sous l'embarcation qu'il soulève d'un mètre; puis trois camarades arrivent à leur tour à la rescousse. Sous le choc violent et imprévu la ligature se rompt et la pirogue coupée en deux morceaux retombe sur l'eau où elle se remplit en un instant; déjà les débris s'enfoncent et l'on ne voit plus émerger que le dôme central et les hommes effarés qui se tournent vers la rive de sable. Les quatre hippopotames furieux s'acharnent contre les débris en dérive et les divers effets qui surnagent. Les blessés, peu gravement atteints, étaient libres de leurs mouvements. Pendant que Sadio, qui s'y trouvait, s'occupe de les diriger vers la berge, aidé des deux saumonos, les quatre pachydermes, revenant pour la troisième fois à la charge, s'acharnent de nouveau contre tout ce qu'ils trouvent devant eux; ils hurlent et vomissent de l'eau abondamment, l'œil en feu; les tronçons de l'embarcation sont enlisés. Alors deux se détachent vers les cinq hommes qui gagnent la berge, ayant de l'eau jusqu'à mi-corps, et pendant que l'un soulève Sadio, qui se trouve un instant à cheval sur son cou, l'autre en prend un deuxième par le milieu du corps, lui brise les reins et l'entraîne au fond de la rivière où il l'enlise profondément sous la vase, après l'avoir arraché des mains qui le sauvaient.

Sadio se sentant soulevé par l'animal, se hisse sur son dos où il prend son élan pour gagner le sable.

Aux cris d'appel j'arrêtai le convoi; les pirogues d'arrière durent s'arrêter aussi sur la rive, la route se trouvant dangereusement barrée par les quatre hippopotames qu'une facile victoire rendait fort arrogants. Ayant réuni l'escorte, je dus engager un long combat pour dégager la route, muni moi-même d'un fusil Lebel, que me prêta un homme de la légion étrangère. On dut ouvrir le feu, à huit mètres, sur les quatre agresseurs qui, loin de faire mine de s'éloigner, couvraient le lit entier de la rivière, tantôt plongeant et tantôt revenant à la surface, en rage. A chaque apparition on tire dessus; mais les balles, qui portent presque toutes dans le milieu du corps, semblent encore augmenter leur colère et rendre plus fréquente l'apparition de leurs têtes monstrueuses. Déjà l'un d'eux rejette de l'eau sanguinolente, indice d'une grave blessure. Les balles Lebel, douées d'une grande force de pénétration, les traversent de part en part sans trop paraître les incommoder. L'eau rougit du sang des blessures. Il n'en vient plus que trois; un est déjà mourant au fond et incapable de prendre son élan pour remonter.

Les autres font mine de se diriger vers nous à terre et déjà l'on voit, par transparence, leurs gros corps noirs apparaître, les pieds de devant sur le sol, ce qui retarde et rend presque impossible leur marche. La position étant favorable, les balles pleuvent dru sur leur peau qu'elles entament, et ils reculent, gagnant l'eau profonde qui les défendait. Ils perdent visiblement leurs forces par de nombreuses blessures et ils ne se montrent plus que péniblement dans une lente ascension devenue de plus en plus difficile; leur mort n'est plus que l'affaire de quelques instants. L'agonie est plus longue que je ne l'espérais. Un seul vient encore humer un peu d'air et je lui sers dans l'œil une dernière balle. L'animal coule encore une fois et reste mort sur la vase du fond à côté de ses trois camarades. Il me fut impossible d'obtenir qu'un saumono plongeât pour rechercher le cadavre des nôtres, tant leur frayeur était grande d'être tués par les hippopotames dans leurs dernières convulsions !

Une demi-heure s'étant passée sans les voir, je fis avancer les dernières pirogues bloquées qui rejoignirent le reste du convoi en serrant fortement la rive sur l'eau rouge du Milo.

C'est après deux heures de combat que la route

était enfin libre, mais la victoire coûtait cher : la perte d'un homme enlisé pour toujours dans les vases de la rivière et recouvert par quatre hippopotames morts. Le convoi n'arriva à Babyla que dans l'après-midi avec un retard de trois heures. Dans la soirée, j'eus un bel accès de fièvre dû à mon séjour prolongé dans l'eau.

En repartant je dus bien recommander aux saumonos de naviguer près des berges et sur les points les moins profonds de la rivière pour éviter du dérangement aux hippopotames.

Comme je demandais à Sadio si nous allions encore trouver ses parents, il me dit :

— Il y a beaucoup mon parent par ici, mais il est bon pour moi — *Mali akabété!* et il songeait à l'accident.

Le fait d'avoir été soulevé par l'hippopotame sans en avoir reçu le moindre mal ne fit que le confirmer dans l'opinion que ces animaux étaient bons pour les membres de leur famille; et tous les indigènes en furent, comme lui, convaincus.

Il était dit que nous n'étions pas arrivés au bout des tribulations et qu'au lieu de sofas nous aurions encore à soutenir un combat contre les hippopotames et à nous ouvrir la route de vive force. En effet, à peine étions-nous à deux milles de Mananfara, le convoi rasant la rive droite et les pirogues se tenant à distances serrées, que nous apercevons, à deux cents mètres, barrant entièrement la rivière qui s'étale en un bassin large et profond, une douzaine d'hippopotames. Malgré le jour et un soleil bien vif, ils montrent à tout instant devant nous des têtes inquiètes et menaçantes. La route était de nouveau barrée sur toute sa largeur et le danger était grand. Au cri de : *ba crévé* — à ranger le bord! poussé par mes hommes, toutes les pirogues se rangèrent le long de la berge où le convoi s'arrêta.

Suivi des tirailleurs de l'arrière je me portai en tête pour ouvrir un feu nourri sur les hippopotames, à chacune de leurs apparitions. Plusieurs font mine de s'approcher, mais un feu de salve les arrête; ils rejettent de l'eau sanguinolente, signe de leurs blessures. Peu à peu le côté droit se dégage; l'ennemi s'avoue battu et paraît revenir en arrière par la gauche en marchant parallèlement à nous. J'en profitai pour faire défiler le convoi qui passa rapidement à raser la berge, entre ma pirogue et la rive. On continua à les éloigner par des feux nourris jusqu'à ce que je pusse moi-même rejoindre avec les pirogues d'escorte.

Si une ou deux balles excitent les hippopotames au lieu de les éloigner, les feux de salve bien dirigés produisent un effet contraire; je ne saurais trop les recommander dans des cas semblables.

Bientôt sur la rive vinrent des tirailleurs de Mananfara qui nous croyaient engagés avec les sofas.

Amady, qui suivait la route de terre avec le cheval, ne tarda pas à arriver. Il avait voyagé avec quelques hommes du train et un sofa désarmé qui se joignit à eux en déclarant son désir de se rendre aux Français. Amady lui fit bon accueil et en peu de temps, ils furent si bons amis qu'il se déchargea sur lui du soin de porter son fusil à pierre et les vivres; il se bornait, en grand seigneur, à marcher devant le cheval dans une démarche libre et rendue encore plus fière par la présence du sabre qu'il portait au côté. A l'étape, le soir, près du grand feu allumé, ils partagèrent fraternellement leurs vivres et s'endormirent côte à côte. Quelle ne fut pas, au réveil, la stupéfaction du naïf palefrenier en s'apercevant que le sofa avait décampé en emportant le fusil et les vivres! Dans un accès d'honnêteté relative, il avait laissé le cheval. Amady, confus, m'ayant conté l'incident, promit d'être plus méfiant, à l'avenir, vis-à-vis les hommes de la brousse. Ensuite je dus continuer par terre avec des civières portées à bras d'hommes jusqu'à Naréna où je repris la voie fluviale avec les grands chálands plats de Siguiri qui sont stables, solides et bien plus larges que les plus belles pirogues.

Après quatre heures de marche j'atteignis Kénimbury avec ses quatre rapides dont les deux premiers sont séparés par un bief fort court. Comme le courant était très fort, je dus, afin de parer aux accidents toujours à prévoir, placer des noirs de chaque côté du chenal avant d'y engager les chalands chargés; ceux-ci s'y lancèrent franchement dans un courant puissant qui les poussait sur le seuil inférieur où l'eau se soulevait blanche d'écume. Au troisième rapide — le plus difficile — je fis passer à vide les embarcations après avoir débarqué les blessés pour les reprendre deux cents mètres plus loin.

Dès que le chaland, sous la pression du saumono de l'arrière, avait mis le nez sur le vide, le saumono de l'avant se tassait doucement sur ses talons par un lent mouvement, afin d'éviter une chute dans l'eau. Tout se passa très bien, sans incident; et les pluies faisant augmenter d'une manière sensible le lit et le courant de la rivière, j'arrivai le 20 mars à Kankan.

Le Milo est sans doute une très bonne route, mais il faut le dépeupler de ses hippopotames.

CHAPITRE XIII.

EN DÉRIVE SUR LE NIGER.

Le cours du Niger. — Le Sahara altéré. — Batellerie. — Les saumonos. — Les chemins de l'eau. — Échoué à l'embouchure du Tankisso. — Siguiri. — Pêche à la dynamite. — Pêche à l'arc. — La chaux de coquillages. — Passage des gués. — Bammakou. — Le Sanatorium de Sognafi. — Biskiti laisse sa femme en gage. — Koulikoro. — La pêche de Dinah. — Poisson sec. — Chasse aux oies et aux canards sauvages. — Le lever des gens de Nyamina. — Arrêté par les hippopotames. — Le miracle de saint Guthberg. — Chasse aux caïmans. — Les caïmans voleurs de moutons. — Ségou. — Le Kounan et le Diougo. — Sansandig. — Les loups de Nango.

Le Niger devient navigable toute l'année par batellerie grande ou petite depuis notre poste de Farannah jusqu'à Bammako où la présence de rapides oblige de rompre charge jusqu'à Koulikoro, sur un parcours de cinquante-cinq kilomètres; ensuite, il est libre jusqu'à Ségou,

Sansandig, Mopti, Timbouctou et au-delà. Sa largeur moyenne varie entre 600 et 1500 mètres.

Pendant la saison sèche le fleuve se rétrécit et coule parmi divers bancs de sable plus ou moins découverts. Durant les hautes eaux, il recouvre ces bancs, emplit son lit jusqu'aux deux rives et, en juillet et août, il déborde sur une étendue variable en semant la fertilité à la manière du Nil. A Siguiri, il sort de ses rives pendant un grand mois, vient aux pieds du village et rentre bientôt dans ses limites naturelles en l'espace de six à sept jours. Comme il prend ses sources dans la région montagneuse et boisée du sud où les pluies durent neuf mois, il n'est jamais aussi bas que le Sénégal.

En dehors du Tankisso, les affluents de la rive gauche sont peu importants et se réduisent à de petits marigots; ceux de la rive droite, assez nombreux, fournissent beaucoup d'eau. Si le Niger, qui n'est alimenté ni par des neiges éternelles ni par des lacs supérieurs, n'arrive pas à un dessèchement complet pendant la saison sèche, il le doit à la durée et à l'abondance des pluies, à l'état de boisement des pays de ses sources propres et de celles de ses affluents, ainsi qu'à la présence, sur son trajet, d'une série de dénivellations et de biefs qui maintiennent les eaux tout en modérant la force du courant. Et comme toujours la nature s'est montrée sage et prévoyante! Quelques esprits ont proposé souvent de faire sauter les arêtes des dénivellations pour rendre navigables en tout temps les grands fleuves et les rivières de cette partie de l'Afrique, sans songer qu'ils feraient disparaître en même temps une des conditions de durée de ces routes qui marchent. Les eaux sont limpides pendant la saison sèche, et boueuses et troubles pendant les pluies. Le Niger roule une énorme masse d'eau qu'il épand au lac Déboé et dans son grand coude, à tous ces pays altérés comme le sont ces sables surchauffés par un soleil de feu et les brises tièdes du Sahara. La force qu'il porte se perd en partie aux limites du désert.

Les indigènes prétendent que, vers le lac Déboé où il se déverse en couches larges et profondes, le fleuve a des communications souterraines avec les dernières racines des marigots du grand Bélédougou qui sont des affluents du Backoy et du Sénégal. Cela relève selon toute probabilité de la légende.

Le Niger borne une partie de l'extrême sud du Sahara qui lui prend une telle quantité d'eau que, sans ses gros affluents de droite, il mourrait d'anémie vers Timbouctou. A Farannah, il devient la véritable route de pénétration et la porte du Soudan. Par batellerie on peut amener sur ce point les produits des pays riverains et ceux de la boucle du Niger en même temps qu'il est facile d'introduire nos marchandises d'Europe et de ravitailler, à peu de frais, la plupart de nos postes; d'où, facilité commerciale et sécurité militaire. Pour assurer ces conditions il faut relier Farannah aux rivières du Sud, à Konakry, par exemple.

La région Kayes, Bafoulabé, Nioro et Kita restera tributaire de son fleuve le Sénégal sous le rapport commercial.

La batellerie indigène dispose de pirogues plates de toutes les tailles, pouvant porter jusqu'à cinq et six tonnnes; elles sont taillées dans de gros troncs d'arbres juxtaposés et cousus ensemble à l'aide de cordes du pays.

Depuis quelques années nous faisons construire sur nos postes du fleuve de grands chalands plats fort commodes.

Les *saumonos* sont les bateliers et les pêcheurs du Niger; ils forment, tout le long du fleuve, une caste particulière possédant ses villages, ses chefs et ses coutumes. Ces travailleurs intrépides et durs à la peine rendent de grands services; habitués dès l'enfance à la manœuvre des pirogues, ils sont robustes et leurs muscles acquièrent à l'exercice une force et un développement considérables. On reconnaît facilement un saumono d'un autre nègre à la paume des mains qui, à l'usure sur une perche humide, devient complètement blanche en peu de temps. C'est le signe professionnel du saumono.

Les pirogues sont conduites à l'aide de perches de bambou pendant les basses eaux, avec des palettes ou pagayes lorsqu'il y a beaucoup de fond. Pendant les brises régulières lorsqu'on peut aller vent arrière, vite à l'avant sont fixées deux perches sur lesquelles le saumono étend et fixe son grand boubou de toile indigène; et l'on vogue à la voile. On se sert aussi du courant toutes les fois qu'on le peut, et, quand il est contraire, on l'évite en longeant les berges.

A la perche ou à la pagaye il est rare que les saumonos ne s'excitent pas à la marche en chantant quelque mélopée du pays ou en se saluant fort sérieusement de leur nom de famille : *Koïta!* dit celui de l'arrière; *Diallo!* répond celui de l'avant; ou bien : *Anisé!*

— *M'ba!* Et l'on marche bien alors! D'autrefois c'est en poussant des sortes de rugissements que l'on s'excite. La musique a aussi le don de les stimuler. Dans la pirogue où se trouvait mon bagage j'avais fait placer un superbe balafon du Kissi à grandes touches en bois, de taille décroissant des notes graves aux tons élevés; chaque touche surmonte une calebasse ouverte, destinée à renfoncer le son. Deux petites baguettes munies à leur extrémité d'une boulette en caoutchouc sont destinées à tapoter les touches de ce singulier piano des nègres qui donne presque toujours l'étendue de deux gammes chromatiques avec le si bémol. Le balafon est fort harmonieux; il accompagne la voix des griotes, ou sert à plaquer de nombreux accords. Namouké, mon cuisinier, griote musicien de caste et ancien professeur de balafon à Kita et autres lieux du Fouladougou, ne manquait jamais, après ses casseroles, de jouer des marches qui rendaient fous les saumonos. Il se distinguait surtout en passant devant les villages ou les chemins de l'eau remplis de femmes ; il jouait ses plus beaux chants de guerre, ses airs de danse les plus lascifs ou bien la fameuse chanson : *N'dar, n'daro toubabo kakendé* ... — le blanc se porte bien — à la grande admiration de mes hommes et à l'étonnement des belles riveraines, des baigneuses surprises et des porteuses d'eau dont l'imagination était fortement frappée. Ah! ce n'était pas une petite affaire que d'être honoré de la musique de mon griote!

La rive droite du fleuve jusqu'à hauteur de Koulicoro est vierge d'habitants qui ont fui devant les déprédations de Samory. Les villages sont assez communs le long de la rive gauche, soit sur quelque hauteur, soit à une certaine distance dans l'intérieur, à la limite de l'inondation. Pendant qu'aux basses eaux on flotte au fond du Niger, on reconnaît le voisinage des villages à la présence sur la berge de petites pistes fréquentées soir et matin par les femmes qui viennent y puiser. Ces chemins de l'eau sont plus ou moins larges selon la population du village. Lorsqu'il y a des saumonos, c'est là que se trouve le port des pirogues et le dépôt des grands filets étendus à sécher au soleil sur plusieurs lignes de pieux plantés dans le sable. Quelques *sécos* (1) servent d'abri la nuit pour attendre l'heure de la pêche, le lever de la lune.

Au confluent du Tankisso, pas bien loin de

---

(1) Natte grossière.

Siguiri, le fleuve très large forme une petite mer d'eau douce. Les deux courants qui s'y rencontrent en font un point difficile, la nuit, à cause des nombreux bancs de sable mouvant. Comme je passai là vers onze heures du soir avec un petit croissant au ciel, mes saumonos, égarés, eurent un mal énorme à retrouver un chenal praticable. Le passage, qui eût été facile le jour, où l'on se guide sur la couleur de l'eau variable selon la profondeur, devint, grâce à l'obscurité, une grosse affaire. Un bruit particulier de frottement indiqua que nous nous échouions sur un sable fin. Après avoir marché lentement avec des alternatives diverses nous sommes en plein sur le sable, arrêtés. Les noirs n'aiment guère se mettre à l'eau lorsqu'ils n'ont plus un soleil brûlant sur leurs têtes et que la nuit est fraîche; il y a bien encore la présence des caïmans qui pullulent dans le fleuve, mais cette considération a bien moins d'importance que la première, car les cris poussés et le bruit de l'eau clapotant sur les jambes suffisent à les éloigner en général; et puis, la faim ne tord pas leurs entrailles : il y a tant de poisson dans le fleuve! Après une certaine hésitation à enlever le boubou qu'on ne porte que par les nuits fraîches, ils se mirent résolument dans le fleuve, les mains aux bordages du chaland allégé qui flotte aussitôt et se laisse entraîner à la recherche du passage. On se dirige vers deux petites dunes de sable qui doivent limiter un chenal. Nous flottons et les saumonos après avoir bu un peu d'eau, d'un bond remontent à bord en nous inondant de l'eau qui dégoutte de leurs corps luisants sous le ciel.

— *Anisé!*

— *M'ba!* et l'on repart à la perche; c'est parfait. Bientôt on s'aperçoit qu'entre les deux bancs il n'y a pas le moindre passage et l'on revient en arrière, à la recherche. De durs frottements indiquent une roche.

— Attention! si vous crevez le fond nous serons bien, ensuite!

On passe sur la roche pour s'affaler de nouveau sur le sable. Cela devient pénible et je fais mettre tout le monde à l'eau. Mes hommes qui dormaient depuis longtemps, s'étant levés en frottant leurs paupières, trempent leurs pieds dans le fleuve, assis sur les bordages, et cela leur donne le frisson.

— Brr! dit Biskiti, en me regardant, ennuyé.

— Allons! voulez-vous, paresseux, que je vous aide, m'écriai-je en prenant une badine.

Aussitôt des corps tombent à l'eau et les

mains aux bordages, nous glissons péniblement sur le sable, tantôt à droite, tantôt à gauche. Les saumonos en perdent la tête et nous allons, Dieu sait où. Il est nécessaire de montrer une grande patience dans de pareilles circonstances et de bien se garder de crier après les noirs si on ne veut pas les dérouter entièrement. Comme je n'y comprenais rien moi-même, je m'étendis tranquillement en attendant — le hasard est si grand — qu'on retrouvât l'insaisissable chenal. Je dus tirer l'oreille à Biskiti que je trouvai étendu sous des toiles de tente, dormant à poings fermés; il fit un grand bond dans le fleuve pour mieux vaincre l'appréhension de l'eau. Pendant près de deux heures on erra, on pataugea; enfin une grande secousse produite par les hommes qui rembarquaient, lestes comme des singes, m'annonça que la difficulté était vaincue.

A deux heures du matin nous arrivâmes devant Siguiri, au port des pirogues où nous passâmes la nuit dévorés par les moustiques.

Siguiri s'élève sur un plateau de la rive gauche et baigne ses pieds dans le fleuve au moment de l'inondation annuelle. Ce point acquiert tous les jours plus d'importance commerciale : c'est l'entrepôt des produits du Bouré, de la vallée du

Taukisso et des pays au sud. Sa situation sur le fleuve et sur les routes de Bammakou, de Kita, de Kaukan et de Farannah attire les caravanes sur son marché fréquenté. C'est à Siguiri que le climat, la végétation et les produits du Soudan changent : au nord, la partie mal dotée ; au sud, la région de quelque avenir.

Le poste qui domine la ville est formé d'un tata crénelé renfermant quelques constructions européennes bâties à la chaux des coquillages du fleuve ; et de grandes cases nègres en banco, spacieuses et confortables, sont habitées par la garnison. Sur la route de Kita, en dehors de l'enceinte on voit le village de Liberté, l'école et le casernement des tirailleurs et de leurs familles. Le capitaine Ballieu a donné de l'activité au commerce et à l'agriculture.

Les environs sont très giboyeux.

Après avoir pris un peu de repos, je continuai par le fleuve, et, le soir, je m'arrêtai au village de Balandougou où Biskiti avait son *petit père,* c'est-à-dire le troisième mari de sa mère. J'en profitai pour faire une pêche à la dynamite. Ayant pris place dans une petite pirogue du village, je me portai à quelque distance vers un coude du fleuve où plusieurs gros arbres étaient tombés de la berge ; et une cartouche, mèche allumée, fut jetée dans l'eau par grand fond si j'en juge aux bulles de fumée qui montèrent quelque temps à la surface. L'explosion se fit en soulevant une petite colonne d'eau trouble comme le font les torpilles de fond. Aussitôt la nappe se couvre d'une quantité de fines paillettes argentées qui sont des petits poissons couchés sur le ventre, foudroyés. Au bout de quelques instants, une vingtaine de gros capitaines apparaissent morts ou étourdis, entraînés par le courant; les saumonos les prennent à la main ou bien les piquent de leur trident pendant que l'un d'eux plonge au fond sur le point où la boîte a éclaté et en ramène trois gros poissons trouvés contre une branche morte. Sadio remplit trois fois sa calotte des petits qui surnagent. Cette pêche miraculeuse donna tant de poissons que j'en pus offrir à des gens du village qui m'avaient comblé d'œufs frais et de poules blanches.

Dans le fleuve, le poisson se groupe par espèces particulières dans des recoins distincts, sans se mêler aux autres autrement qu'à l'heure de la chasse.

Biskiti vint me trouver avec cet air particulier aux noirs qui veulent vous demander de l'argent.

— Doctoro, j'ai vu mon petit père.

— Bien ! que désires-tu ?

Il continua :

— Petit père m'a dit que j'étais bien grand et que je devrais me marier.

— Ah ! nous y sommes !

Il ajouta :

— Fatimata est jolie, je la veux pour femme. Donne-moi l'argent que tu me dois sur mes gages pour l'acheter.

— Tu sais bien, lui dis-je en me grattant l'oreille, que tu n'as pas encore assez gagné pour payer intégralement la dot ; je puis, toutefois, t'avancer cinquante francs si tu le désires tant.

Et je lui donnai cette somme. La dot de Fatimata s'élevant à cent trente-cinq francs, il courut au village pour donner un à-compte de trente francs et prendre livraison de la jeune femme, fort gentille avec ses dents d'ivoire plus blanches que neige. Avec le reste de la somme il offrit quelques kolas aux parents, un collier de verroteries à Fatimata et un dîner où les calebasses de couscous au mouton le disputaient aux plats de riz mélangés à une sauce jaune d'arachides, le *nec plus ultra* de la cuisine nègre. Je donnai un mouton à long poil de chèvre et un peu de sel. Au dîner pantagruélique succéda un grand tam-tam aux torches pendant que les enfants disputaient aux chiens les dernières miettes du festin; il dura jusqu'à une heure fort avancée de la nuit, moment où les jeunes époux se retirèrent dans la case nuptiale ornée d'un grand tara en bambou.

Ainsi se font à la vapeur les mariages du Soudan.

Biskiti s'était engagé à payer par à-comptes espacés les cent cinq francs qu'il restait devoir à la famille. Il est rare que la dot soit payée intégralement au moment de la noce parce que les indigènes ne disposent guère de pareille somme et qu'en outre, si les époux ne s'entendent pas, les parents ont de leur côté moins de mal à rembourser le mari qui a dû abandonner sa femme. Presque toutes les familles ont des différends à cause de ces remboursements de dots ou des compléments encore à payer. Cela dure de longues années et on en arrive souvent à la guerre. Les intéressés entreprennent de longs voyages pendant l'hivernage pour aller régler ces sortes d'affaires.

Biskiti amena sa nouvelle compagne qui me faisait une bouche de plus à nourrir, mais c'était sans grande importance dans cette région où les vivres ne font pas défaut.

Dans certains villages, près des chemins de l'eau, les jeunes enfants pêchent à l'arc sur les rochers à demi immergés où le petit poisson se tient assez volontiers à cause des quelques victuailles qu'y laissent les femmes en rinçant les calebasses avant de les remplir. Aux heures chaudes du jour, ces petits pêcheurs, complètement nus ou munis d'un maigre bila, lancent, une grêle de traits en bambou sur les poissons, qui remontent à la surface, la flèche au ventre. Alors ces saumonos de l'avenir se précipitent sur les roches en soulevant de leurs pieds l'eau attiédie par le soleil; et, sitôt le poisson retiré, ils recommencent plus loin.

En face des villages, il est bien rare qu'en cette saison, on ne puisse passer le fleuve à gué. Les points praticables sont indiqués par une longue ligne de bambous piqués dans le sable en biais et d'une rive à l'autre. Les noirs passent à la file indienne, nus et les vêtements sur la tête; ils s'enfoncent insensiblement jusqu'au cou et, vers le milieu du chenal, on ne distingue plus que des têtes semblables, de loin, à des calebasses flottantes. Peu à peu, sur la pente sablonneuse, les corps se dessinent à nouveau pour disparaître encore jusqu'à la rive opposée où l'on revet pagnes et boubous enlevés à l'entrée.

A Bankoumana se trouvent quelques petits rapides que l'on passe sans difficulté si on a soin de s'y trouver en plein jour. Au fond, sur les roches, on trouve quantité de gros coquillages dont on retire une chaux de bonne qualité utilisée pour l'entretien des postes. Malheureusement ces bancs ne paraissent pas assez abondants pour permettre d'élever à bon marché des constructions durables.

Je débarquai à Bammako, en face de l'atelier où des charpentiers de Saint-Louis construisent ces grands chalands du fleuve utilisés pour le ravitaillement en attendant qu'ils servent au commerce.

Bammako, une des vieilles villes du Soudan, réussit à garder son indépendance pendant la conquête toucouleur. Le commerce en était assez important en 1883 au moment de notre arrivée, mais il a disparu complètement, comme cela arrive presque toujours sur les points que nous occupons; cela est dû à la suppression des caravanes d'esclaves — la monnaie du pays avec les cauris (1) — et à la paix qui empêche le recrutement de ce bétail humain. Dès que les esclaves ont été obligés de prendre une

(1) Un petit coquillage blanc.

autre direction loin de nous, le commerce a disparu. Notre action change complètement en peu de temps les conditions économiques des pays occupés. Ce petit mal amènera un grand bien : celui d'obliger les habitants à se livrer à l'agriculture et au commerce des produits du sol, seules sources de revenu maintenant que la traite, autrefois si prospère, entre en pleine décadence.

Le poste s'élève à un kilomètre du village, à mi-chemin du Niger et de la montagne ; il fut bâti en 1883 sous le feu d'une armée de Samory qui, se trouvant arrêtée dans sa conquête du bassin du fleuve, ne cessa de nous harceler.

Pendant mon séjour, je pus étudier et choisir sur la montagne, dans le cirque de Sognafi, un excellent emplacement où s'élèvera le sanatorium de Bammako. Au lieu d'habiter une plaine soumise à l'inondation et fort insalubre, on trouvera sur la montagne un meilleur climat et de l'air pur.

Le village se compose de grandes cases bambaras en terre ; comme au Bélédougou et aux pays de la rive droite jusqu'à Timbouctou et au-delà, les toits en paille sont remplacés par des argamasses en terre cimentées avec de la bouse de vache. Elles sont fermées par des portes grossièrement taillées et munies de serrures en bois, de fabrication indigène. Les cases de chaque famille communiquent par des couloirs tortueux et sont enfermées dans une muraille épaisse et élevée. Ces logements ont l'inconvénient d'être très chauds le jour et la nuit, et fort malsains à la saison des pluies avec ces argamasses détrempées et puant la fièvre.

Bammako est fort renommé par les tam-tam de ses griotes, des virtuoses du balafon et de la guitare. Les danseuses de profession y sont pleines de distinction dans certain pas exécuté sur les talons, les bras étendus en croix, les mains tordues en des mouvements d'ailes d'oiseau. Sira — *la mère Bammako* — mérite une mention.

L'Islam qui n'était, il y a dix ans, que la religion de quelques Maures, a presque tous les habitants pour sectateurs. La religion du Prophète se répand dans tout le Soudan, comme une traînée de poudre que rien ne saurait arrêter désormais.

Obligé de rompre charge à cause des rapides, je dus prendre la voie de terre jusqu'à Koulikoro, sur un parcours de cinquante-cinq kilomètres.

Le 5 avril, m'étant arrêté à Salla, je remarquai que Fatimata manquait.

— Qu'as-tu fait de ta femme? dis-je à Biskiti qui se chauffait triste et rêveur.

Il ne répondit pas. Je fis signe à Sadio, qui me dévoila l'énigme.

— Biskiti n'est pas content, me dit-il en s'accroupissant sur les talons, parce que Samba lui a pris sa femme.

Comme je m'étonnais de ce qu'il ne m'eût pas informé de cet accident pour essayer d'y remédier, il ajouta :

— Tu connais la *manière des noirs* : il faut payer ce que l'on doit. Biskiti devait deux pièces de guinée, depuis plusieurs années, à Samba le forgeron de Bammako; comme il avait dépensé tout son argent, il n'a pas pu le payer en passant, et Samba a gardé sa femme en gage jusqu'au parfait paiement de la dette. Cela est juste; c'est manière des noirs.

Je me tordais littéralement en entendant ce récit et en voyant la tête de Biskiti qui me regardait sournoisement se doutant bien qu'on me contait l'aventure.

Au Soudan on met sa femme en gage comme on dépose ici une montre au Mont-de-piété.

Après avoir avancé la somme nécessaire pour

désintéresser le créancier madré, Biskiti repartit incontinent pour Bammako; le lendemain, après avoir marché toute la nuit, il me rejoignit avec Fatimata que l'aventure ne semblait pas trop étonner; il avait dû payer encore à ce drôle d'usurier le prix de deux repas au couscous, soit dix centimes.

Enfin j'arrivai à Koulikoro, très fatigué par ces 55 kilomètres à cheval et fort désireux de reprendre la route commode du fleuve qui redevient libre jusqu'à Timbouctou et au-delà.

C'est à Koulikoro qu'on a monté les deux canonnières du Niger, apportées de Kayes démontées en pièces de 25 kilos. Le village, assez considérable, est composé de deux tatas dont l'un est habité par les saumonos et l'autre par les bambaras. En face, la route de terre de Ségou, par Nango.

Pendant toute la journée j'assistai au défilé d'immenses nuages de sauterelles qui traversaient le Niger. Depuis quelques années elles sont le fléau du Soudan tout entier; elles paraissent venir des bords de la Méditerranée. Jusqu'ici elles n'ont occasionné que des disettes partielles, mais, si le mal n'est enrayé, la famine arrivera bientôt. Les sauterelles arrivent à l'horizon en gros nuages masquant le soleil.

Dès que l'essaim dévastateur se repose, les arbres et le sol en sont grouillants. Les arbustes verts perdent leurs feuilles et les herbes sont dévorées en un clein d'œil; les tons verts sont remplacés par les tons gris et jaunes sur le sol dévasté. Alors les noirs se rendent dans les lougans d'où à force de tam-tam, de bruit et de coups de bâton sur les tiges de mil ou sur les arachides, ils arrivent quelquefois à les chasser; si cela ne suffit pas, on les enfume en flambant la brousse à l'entour. Certains postes ont tiré le canon avec succès. Mais tous les ans le fléau augmente, car les noirs se gardent bien, dans leur insouciance, de brûler les jeunes criquets que l'on trouve en train de faire leurs ailes sur les terrains nus. Les indigènes mangent les sauterelles qu'ils font griller sur des charbons ardents; pareil goût leur sera utile quand les récoltes seront perdues.

Je quittai Koulikoro en pirogue par une brise fraîche formant force vagues sur le large fleuve; et je dus, dans le danger de chavirer, naviguer sur la rive droite, à l'abri du vent.

Dans cette région, limite des anciennes incursions de Samory, les villages commencent à se montrer. A Dinah, je m'arrêtai sur une belle plage de sable pour changer de saumonos et aller plus vite. Les habitants m'y firent un excellent accueil ; ils voulurent même faire une pêche, séance tenante, afin de me donner du poisson frais. Cette proposition fut acceptée avec reconnaissance.

Aussitôt, un immense filet — sorte de senne — étant décroché et mis dans une pirogue, nous allons sur le grand banc de sable de la rive gauche qui va, du milieu du fleuve, en pente douce vers la berge où se trouve un étroit chenal. Les pirogues pleines de saumonos debout menacent de couler malgré l'activité de quelques enfants qui vident sans cesse l'eau avec un tesson de calebasse. Aussitôt, pour les alléger, plusieurs hommes piquent une tête dans le fleuve et nous précèdent à la nage en parcourant plus de cinquante mètres sous l'eau. En arrivant, le filet, lourd de ses coquillages et des morceaux de fer destinés à lui faire raser le sable pendant que le bord supérieur flottera suspendu à ses rondelles de bois léger, est débarqué et porté par plusieurs saumonos qui le développent dans l'eau profonde en circonscrivant un grand cercle qui se resserre de plus en plus, sous la traction lente et puissante exercée aux deux extrémités. Déjà quelques gros poissons, des habitués sans doute, franchissent la barrière en faisant un grand bond et s'échappent. Alors quelques hommes armés d'un gros bâton fort court pénètrent dans le cercle et frappent sur la tête des poissons qu'ils assomment dans les grosses mailles du filet. On en prend plus de cinquante kilos. Après avoir accepté quelques capitaines je repris ma course, non sans avoir remercié et gratifié de quelques kolas ces aimables saumonos.

Dans cette partie du Niger les pêcheurs sont fort nombreux; on en rencontre dans presque tous les villages. La caste des saumonos exploite sans cesse cette mine inépuisable du grand fleuve et tire sa subsistance de l'industrie de la pêche. Le poisson qu'on ne peut consommer frais est ouvert et mis au soleil sur le sable et sur les cases jusqu'à dessiccation suffisante ; il répand une odeur nauséabonde. Ainsi préparé et réduit à la consistance du carton, on le transporte sur les divers marchés du pays où il se vend très bien à l'usage des gens riches qui le préfèrent de beaucoup au poisson frais. Si jamais un intelligent producteur de morue se décide à envoyer ses produits au Soudan, tout porte à croire que les indigènes deviendront rapidement grands consommateurs de ce poisson.

Les canards et les oies sauvages sont très communs dans cette région où personne ne les chasse; ils vivent en paix, groupés en familles, sur les bancs de sable.

L'oie grise a des reflets métalliques; elle est difficile à tuer si on ne vise pas à la tête, car, blessée ou démontée, comme les canards elle plonge et on ne l'atteint qu'après une longue poursuite.

Il faut chasser ces oiseaux en pirogue afin de les approcher sans difficulté. A la vue de l'embarcation oies et canards se serrent entre eux au point de ne laisser distinguer qu'un corps à plusieurs têtes dont les plus élevées et les plus rouges sont celles des mâles. J'en ai tué bien souvent avec des cartouches à chevrotines.

L'oie du Niger fournit aux tables des Européens un mets exquis. Namouké m'en préparait d'excellent couscous agrémenté de petits piments rouges du pays, capables d'éveiller un mort et nécessaires aux estomacs fatigués. J'en étais arrivé à vivre, comme les nègres, de lait, de couscous et de riz au poisson ou au gibier, tant j'étais fatigué des poulets et de la viande de bœuf ou de mouton.

Nous arrivons à Yamina au point du jour, à l'heure où dans les villes et villages des bords du fleuve tout le monde se lève; car, si le noir se couche tôt, il est, en revanche, fort matinal. Le matin, c'est l'heure des ablutions dans le Niger et du salam, ensuite. Les hommes arrivent d'abord en étirant leurs longs bras; ils descendent au fleuve par les rampes des hautes berges et, accroupis sur le bord, ils font leurs ablutions rituelles avant de se grouper pour faire le salam, aux premiers rayons du soleil sur l'horizon. A leur tour, les femmes viennent par files indiennes, suivies de leurs enfants et des esclaves porteuses de grandes calebasses pour puiser de l'eau. La berge, sur toute la ligne sinueuse de la ville, se couvre d'un essaim silencieux; bientôt les enfants nus piaillent et hurlent lorsqu'on les plonge brutalement dans l'eau froide, jusqu'au cou, et qu'une main rude et calleuse de pileuse de mil brique au savon leurs têtes rasées. Les femmes entrent dans le fleuve en soulevant progressivement les pagnes qu'elles placent sur la tête et s'enfoncent brusquement dans l'eau. A côté, nagent les grandes calebasses qu'on brique avec du sable fin avant de les emplir sur le point même où elles se trouvent, car on n'attache pas la moindre importance à l'état de trouble et de pollution de l'eau. Le soleil dessèche les corps en un instant; puis, les pagnes étant ceints avec pudeur, on rentre à la maison, la calebasse pleine sur la tête.

Nous arrivons au moment de la baignade, les pirogues à une allure rapide et rasant les berges. A notre aspect ce fut un plongeon général dans le Niger.

Nyamina est une assez jolie ville pour le pays, bâtie comme Bammako; il s'y fait un peu de commerce avec le Bélédougou et avec les Maures du désert qui s'y rendent quelquefois, en saison sèche, pour échanger du mil, du riz et du poisson sec contre du sel en barre et des moutons hauts sur pattes, à poil long et à grandes cornes. Il y a plusieurs mosquées en terre.

Je partis le lendemain vers quatre heures du matin afin de parcourir une longue étape avec des saumonos que je changeais à tous les villages importants, marchant à grande vitesse sur les pirogues poussées par des hommes toujours frais et bien reposés.

Avant l'aube, par une nuit étincelante d'étoiles, nous marchions à quelques mètres d'une rive à pic couverte de hautes herbes, lorsque tout à coup un gros hippopotame se jeta à l'eau devant nous avec un bruit épouvantable, en provoquant un grand remous qui faisait chanceler la fragile embarcation et en nous couvrant de froides gouttelettes. Nous venions de l'échapper belle! La légende du mali me vint à la mémoire. En même temps, dans l'eau, plusieurs hennissements se font entendre, tout près. Je criai aux deux saumonos: *Bà crévé!* — à ranger la berge! — mais les malheureux étaient saisis d'une telle terreur qu'ils demeurèrent immobiles comme des statues armées d'une perche, sans donner signe de vie. Celui de l'avant marmottait tout bas sa prière à l'hippopotame, selon la coutume des saumonos, transmise de père en fils; il priait fort dévotement, car, à ses yeux, cela suffisait pour éloigner le danger. Comme je n'y avais pas la même confiance, pendant que Sadio et Namouké se saisissant des perches poussaient la pirogue contre la berge où l'on pouvait se réfugier en cas d'attaque, je pris ma carabine et j'envoyai une balle à la tête d'un animal qui plongea aussitôt pour se montrer plus loin, en retraite. Je tire encore deux coups de feu et nous repartons. A peine avons-nous parcouru cinq cents mètres que de nouveaux hennissements se font entendre et force fut, dans cette obscurité, de s'arrêter jusqu'au jour sur un petit banc de sable.

Dès que le soleil parut à l'horizon, je pus m'éloigner, en passant sur les petits fonds et quitter cet antre d'hippopotames que je saluai, à grande distance, de quelques balles. Il est bon de remarquer que lorsqu'il y a de l'espace et que le fleuve est large, ces monstrueux pachydermes s'éloignent dès qu'on les attaque franchement.

La route se continua sans incident. M'étant réveillé d'un bon sommeil suscité par le doux mouvement d'ondulation de la pirogue, vers dix heures du matin, je demandai à Namouké ce qu'il allait me servir pour mon déjeuner. Le cuisinier était déjà à l'avant près de son feu qu'il faisait dans un débris de canaris en terre sur trois pierres de support pour ses casseroles. Il me montra une oie rôtie de la veille qui exhalait déjà cette odeur de viande en décomposition aimée des noirs mais qu'un Européen ne saurait supporter. Je la donnai aux saumonos de la pirogue aux bagages afin de ne pas être incommodé; et, je me voyais réduit à manger un biscuit pour mon déjeuner, car le prochain village était encore bien loin. Les pirogues couraient en ce moment sur le courant qui suivait la rive gauche bordée de roches grises, élevées et formant, au ras de l'eau, des grottes profondes.

Un aigle-pêcheur se trouvait perché au sommet du rocher, les yeux braqués sur le fleuve, à surveiller le poisson qui venait frétiller au soleil.

Comme moi, l'oiseau cherchait son déjeuner; il gardait la tête immobile au milieu des deux taches noires de ses ailes ramenées sur son corps blanc. Je dus le montrer à mes hommes qui voyageaient presque toujours sans même regarder les rives et le regard fixé sur leurs pieds, semblables à des bonzes en contemplation devant leur nombril. L'aigle suivait toujours, sans être distrait, le mouvement des poissons. Il se laisse enfin tomber comme un gros corps mort, les ailes déployées, le bec crochu en bas et les serres ouvertes au bout de ses jambes étendues; et, en un instant, il se relève lourdement avec un gros poisson frétillant entre ses griffes puissantes. Cela me fit songer au miracle de saint Guthberg; je voyais déjà l'aigle pêcheur, comme dans le tableau de E. Duez, venant déposer dans ma pirogue un succulent déjeuner; mais il ne poussa pas si loin les choses que son confrère pour l'évêque; il se borna à reprendre sa place sur son rocher, appuyé sur une patte, pendant qu'il tuait le poisson tenu dans l'autre de quelques coups de bec à la tête, bien appliqués. Il ne me restait plus qu'à aider le miracle si je voulais lui dérober sa pêche. L'abus de la force est toujours pénible même vis-à-vis d'un digne oiseau que j'allais priver de son déjeuner; mais, après tout, il lui suffisait de quelques minutes pour faire une nouvelle pêche et, la conscience calme après le raisonnement, je lui envoyai un coup de fusil à plomb. L'aigle effrayé par ce bruit insolite s'envola en lâchant sa proie qui tomba dans le fleuve en dégringolant par la pente des rochers. En un instant Sadio prit le poisson et Namouké le reçut de ses mains en riant au nez de l'oiseau qui s'était perché sur un arbre à quelque distance. Je tenais presque mon miracle de saint Guthberg.

Le Niger est infesté de caïmans. Ces amphibies vivent par petits groupes dans le voisinage des bancs de sable où ils aiment à passer le temps au soleil lorsqu'ils sont rentrés de la chasse le ventre plein de petits poissons. Ils dorment dans des sillons de sable qu'ils ont soin de tracer à l'aide de leurs longues queues. Le caïman appartient à l'ordre des crocodiliens; en vieillissant il atteint un développement considérable. Sa mâchoire qui se termine en pointe arrondie est munie de dents acérées et s'imbriquant entre elles sous l'action de muscles puissants. Les pattes sont armées de griffes qui leur servent à prendre un point d'appui sur le sol durant la marche et à creuser de petits trous dans le sable pour y déposer et recouvrir légèrement les œufs que le soleil fera éclore. Le caïman attaque l'homme et les animaux sur terre et dans l'eau. Des faits positifs le citent comme ayant quelquefois attaqué les noirs sur les sentiers des rives; toutefois, cela est rare et ne peut être attribué qu'à des sujets de forte taille et déjà vieux. Dans l'eau, c'est bien autre chose; on ne compte plus ses attaques pendant le bain ou dans le passage des gués. Généralement c'est aux jambes qu'il s'adresse et il cherche à noyer au fond du fleuve l'imprudent qui s'est laissé saisir. Il lacère si profondément les chairs que l'amputation du membre est souvent nécessaire. Il guette les troupeaux qui, le soir, en rentrant des pâturages, vont boire au fleuve. Malheur aux bœufs ou aux moutons qui, par mégarde, auront mis leurs pattes dans l'eau! Le bœuf en sera quitte pour une cruelle morsure; mais le mouton, plus léger, y trouvera la mort. Le caïman en chasse surnage immobile à petite distance des berges et ne se signale que par une petite tache noire semblable à celle d'un tronc d'arbre flottant. Défiez-vous, car il est en chasse, il observe.

Un soir, près d'un village où je m'étais arrêté pour changer mes saumonos, je fus témoin de l'enlèvement de deux moutons buvant l'eau du fleuve. Tout le troupeau — deux cents têtes environ — retour des pâturages de l'intérieur, buvait aux derniers rayons du soleil. Tout à coup, sans qu'on ait rien vu d'insolite, deux moutons disparaissent peu à peu dans le fleuve sous l'œil du berger ahuri qui se met à pousser des cris pour faire lâcher prise aux caïmans voleurs. Des deux innocents moutons fortement saisis par une patte de devant on ne voyait plus que la laine du dos. Alors le berger lance de grosses pierres et les ravisseurs effrayés lâchent une de leurs proies : un mouton à demi étouffé revient à la surface et se dirige vers le troupeau qui arrivait déjà sur le haut de la berge. A son tour le caïman revient à la charge et de nouveau happe le mouton par la queue, l'arrêtant subitement et le faisant de nouveau plonger. Je tirai sur le voleur qui abandonna sa proie à regret et le mouton put arriver sur la rive, la patte gauche et la queue brisées. On dut l'abattre de suite.

Le caïman redoute le bruit et les cris; il s'éloigne pour ce motif des villages où les accidents sont bien plus rares qu'ailleurs.

La chasse au caïman est très amusante et donne peu de fatigue si on a soin de la faire en pirogue. Naviguez lentement et sans bruit, à la perche, pendant les heures chaudes du jour et chargez vos cartouches de gros plomb. Bientôt des lignes grises sur le sable vous signaleront les paresseux lézardant au soleil, la tête du côté de l'eau. Quand la distance est petite, tirez au défaut de l'épaule — c'est le bon endroit — et allez vous échouer. Au coup de fusil, la tribu effrayée rentre dans l'eau, laissant à terre le blessé qui remue, étourdi, sans pouvoir revenir au fleuve. Détachez deux hommes munis de cordes qui vont l'aborder par derrière pour éviter une dangereuse morsure; pendant que l'un lui fait mordre un gros bâton, le deuxième lui attache solidement l'extrémité des deux mâchoires; il ne reste plus qu'à lier sur le dos les deux pattes de devant, et le caïman capturé est rendu inoffensif comme un agneau. On n'a plus qu'à le jeter au fond d'une pirogue avant de l'empailler.

La peau de caïman peut devenir l'objet d'un certain commerce; elle ne sert maintenant, au Soudan, qu'à faire des grisgris. La viande et les œufs, de goût musqué, sont comestibles. Quant aux larmes, n'en parlons pas.

A mesure qu'on approche de Ségou les villages de la rive droite se multiplient.

Ségou, la vieille cité du Soudan assise sur la rive droite du Niger, a été la capitale de plusieurs empires et, en dernier lieu, de celui qu'édifia el hadj Oumar, le père d'Ahmadou. Entourée d'un tata, la ville est assez sale et semée de trous et de mares d'où l'on retire la terre nécessaire à la construction et à l'entretien des cases; l'ancien champ d'exécution d'Ahmadou et le voisinage des cimetières en font un des points les plus insalubres et les plus éprouvés du Soudan.

Il n'y reste plus comme habitants que des Bambaras depuis qu'on en a expulsé les derniers Toucouleurs au détriment de sa prospérité. Malgré la victoire et la supériorité de la civilisation, les Toucouleurs n'ont jamais réussi à imposer leur langue dans ce pays. Les Bambaras se battent avec quelques fusils à pierre et avec l'arc lançant des flèches empoisonnées.

Le kounan — inée — agit sur les fibres du cœur et sert à fabriquer le poison des flèches; il est cultivé à la porte de presque tous les villages. Pendant mon séjour à Ségou, je pus faire, de concert avec le docteur Bonain, quelques expériences sur des grenouilles et des chiens, qui me démontrèrent que j'avais à faire avec une variété de strophantus fort toxique. Le poison se trouve dans toutes les parties de la plante, mais la proportion est bien plus forte dans les petites graines des fruits. Le kounan fleurit pendant l'hivernage et le fruit est recueilli en saison sèche, lorsque les branches plient jusqu'à terre sous le poids des gousses. Dès que les fruits se fendillent, les Bambaras les cueillent et les exposent au soleil où ils s'entr'ouvrent; alors on met les graines dans un vase en terre cuite et l'on fait bouillir pendant douze heures environ. Cette eau est reprise et versée dans un canaris où on la fait bouillir encore jusqu'à consistance de miel. C'est dans ce liquide sirupeux que l'on trempe le fer des flèches, puis on fait sécher pendant trois ou quatre jours si le soleil est vif. La mise en carquois s'opère aux accompagnements de certaines flûtes sous le fallacieux prétexte qu'il suffira plus tard de jouer de ces instruments pour accroître la douleur et les accidents chez les hommes qui auront été blessés.

Cette croyance est répandue chez tous les hommes qui, sans être morts de la piqûre, en ressentent longtemps de vives douleurs, sans doute parce que le produit enkysté dans les chairs vient, pour une cause quelconque, à se résorber par saccades.

Diorokou Ouari, du village de Nala, me confirma ce fait.

A côté du mal, les nègres ont trouvé un remède qui soulage : le *diougo*. La préparation de cette poudre rouge est le secret de quelques familles qui en tirent des revenus considérables; c'est un excitant du cœur dont les fibres tendent à s'arrêter sous l'action du kounan.

Les Bambaras ont coutume de faire garder leurs frontières par un âne chargé de grisgris qui doit jeter un sort aux agresseurs.

Ségou est le centre de l'industrie des couvertures et des pagnes fabriqués de petites bandes coupées de raies blanches et assemblées généralement au nombre de neuf. On travaille aussi assez bien les peaux. Comme dans tout le Soudan la circoncision chez les garçons et l'excision chez les filles sont pratiques courantes.

Les environs de la ville sont remplis de gazelles que j'allais chasser chaque matin à cheval et au revolver.

A Sausandig, où je me rendis en huit heures de pirogue, je fus reçu par le fama, mon vieil ami Mademba, musulman de Saint-Louis, instruit, parlant et écrivant le français. Signe particulier :

s'abonne aux journaux illustrés et boit du champagne par la raison qu'il est blanc, tandis que le vin défendu par le Coran est rouge. Mademba règne sur le Sausandig en contact avec les Touaregs du désert. A l'occasion de ma visite, il donna un tam-tam solennel devant ses sujets et tous ses sofas. Chaque chef venait d'abord saluer le fama, le fusil à la main; puis, chacun des hommes de sa bande de prendre le fusil qu'il soulevait en l'air comme s'il eût été bien lourd. Alors le chef sofa — sofa countigui — exécute un cavalier seul en faisant mille acrobaties avec son arme qu'il finit par décharger sur l'assemblée. C'est ensuite le tour d'un autre.

Plus on s'élève au nord par le Niger, plus le pays devient aride jusqu'aux sables nus du Sahara. Le Macina produit du mil, du riz et un peu de blé.

La ville de Djenné, le point commercial le plus important, possède environ 6,000 habitants; elle est située à quatre kilomètres du Bani, sur un léger mamelon d'une grande plaine nue et couverte d'eau, en hivernage, et de marais, le reste du temps; un tata elliptique l'entoure. A l'intérieur on trouve de nombreuses mares vaseuses, couvertes de roseaux et de plantes grasses. Un marigot, qui ne dessèche jamais, grâce à ses communications avec le Bani et le Niger, entoure le tout. Les maisons sont construites en briques desséchées au soleil et recouvertes par des argamasses en terre soutenues par des branches de rônier; elles ont souvent un étage. Des cases en paille servent d'habitation aux Pouls.

Le 28 avril, fatigué des pirogues et malade, je quittai Ségou pour me rendre à Koulikoro par la route de Nango. A quelques kilomètres de ce village je fus arrêté, en pleine forêt, par trois loups superbes, les seuls que j'aie jamais vus au Soudan. Ils se plantèrent devant moi avec des intentions hostiles; je dus faire feu deux fois et l'un d'eux resta sur le carreau. Les autres prirent la forêt et ne cessèrent de m'accompagner jusqu'à ce que, lassé de ce voisinage Sadio les écarta définitivement en les tirant encore, mais sans résultat appréciable. Partout les forgerons des villages étaient en train de faire la métallurgie du fer par la méthode catalane dans des cornues en banco reposant sur des feux soigneusement entretenus jour et nuit. Je trouvai des vivres en abondance, grâce à la barre de sel qui me servait à en payer la valeur. Le sel est, en effet, fort rare et recherché dans cette région où les gens riches l'utilisent.

CHAPITRE XIV.

CHASSES PENDANT L'HIVERNAGE.

Le renouveau. — Vigne du Soudan. — Chasses en canot. — La chèvre, son petit et le boa. — Oiseaux aquatiques. — Chasse aux colibris.

Le renouveau! Ce nom sied bien à la nature qui se réveille en un puissant effort après le long languissement de la saison sèche! C'est le triomphe de la pluie fécondante sur le soleil du Soudan, ce grand destructeur de ce qui vit à la surface sans longues racines, comme les grands arbres, pour puiser profondément les sucs nourriciers.

Durant la saison sèche, la petite végétation s'étiole, les herbes pâlissent ou sont dévorées par les incendies, la vigne disparaît entièrement pour concentrer sa vie dans sa tige tubéreuse et dans ses racines sous le sol; les feuilles des arbustes se racornissent et prennent des teintes grises; seuls, le grands arbres conservent leurs cimes vertes, et tout ce qui reste frais sous les vapeurs de l'eau ne se trouve plus guère que sur les bords des marigots. Parmi les tons jaunes les grands baobabs et les fromagers séculaires élèvent au-dessus des villages leurs grandes calvities égayées de charognards. Tel est l'aspect du pays à la fin d'avril.

Au renouveau, dès les premières ondées de mai, sous un ciel nuageux et obscurci, à travers les horizons brumeux, cela change à vue d'œil et si vite même que l'on est frappé d'étonnement. Le sol se couvre partout d'une belle végétation : les graminées pullulent à côté des asperges sauvages qui, en une nuit, sortent du sol; la vigne donne ses premières pousses, l'herbe menue sort verdissante et les arbres se couvrent de bourgeons et de fleurs. La terre est transformée en une merveilleuse cornue où s'élaborent de toutes pièces les infiniment petits de la nature; une abondante apparition de grillons, de cigales, de mouches et une infinité d'insectes donnent au pays, autrefois mort, des bruissements innombrables; les mares et les marigots se couvrent de grenouilles et de crapauds dont le bruit est assourdissant. C'est le renouveau !

Les oiseaux se précipitent aux nids en égayant les airs de leurs chansons; ils quittent les tons indécis de leur plumage pour revêtir de brillantes parures.

Les fauves changent leurs longs poils pour une nouvelle robe fraîche et reluisante aux rayons que le soleil leur envoie de derrière les nuages.

Les noirs respirent la santé et une grande poussée de sang se montre sous les peaux d'ébène.

C'est le renouveau! C'est l'hivernage!

Adieu les travaux agricoles des temps secs! Le noir se repose, digère et jouit. Déjà les villages se perdent parmi les hautes herbes qui poussent du sol et même des toits des cases disparaissant sous les larges feuilles vertes des calebassiers. Il faut être du pays pour reconnaître, de loin, l'emplacement d'un village si des baobabs ne s'y trouvent.

Si vous êtes courageux — imprudent est préférable — vous pourrez encore entreprendre quelques chasses particulières à la saison. Le gros gibier et les fauves sont loin! vous ne les trouverez plus que sur les montagnes où les poussent les eaux. Et ces courses seraient maintenant trop pénibles et trop dangereuses pour que je les conseille.

Prenez donc quelques doses de quinine préventive et si saint Hubert l'exige, remontez les vallées vers les crêtes; et surtout pas de longues sorties.

En général, bornez-vous à chasser en pirogue. Déjà les fleuves et les rivières se répandent sur les rives et dans les mares de déversement, couvrant le sol d'un humus fécond. Voilà vos routes de chasse.

Souvent le gibier hiverne dans des îlots dus aux débordements; d'autres fois, devant les eaux envahissantes, il gagne les rives à la nage et à la merci des courants rapides qui ne le portent pas toujours vers les lieux désirés.

Sous la poussée de la crue, les berges des rivières laissent tomber à l'eau de grands arbres qui vont à la dérive, esquifs emportant divers animaux, des serpents ou des gueuletapées. Alors les caïmans et les hippopotames quittent le lit pour aller vivre dans les mares et les marigots où l'eau est moins profonde, le courant plus faible et le pâturage plus rapproché. C'est le moment propice aux chasses en embarcation. L'instrument le plus commode est une barque presque plate et munie d'une quille légère afin de gouverner à la voile. Un vêtement ciré destiné à se garantir de la pluie est insupportable par la chaleur qu'il procure, chaleur poussant aux bourbouilles qui incitent à se gratter sans cesse, dans un agacement indéfinissable. Ce vêtement intolérable peut être remplacé par une ombrelle blanche allant à la pluie et au soleil.

Un jour de juillet je partis donc en grande chasse, suivi de Namouké et du fidèle Biskiti qui était de toutes les fêtes, et muni de trois jours de vivres, de nombreuses munitions mises au sec dans une boîte en fer-blanc et d'une chèvre avec son petit, devant me fournir du lait frais dont je me nourrissais presque exclusivement à cause de mon état de santé qu'un long séjour avait rendu fort précaire. Ainsi équipé, je partis à la voile, vent arrière, avec une vitesse doublée encore par un courant de cinq nœuds. La chaleur humide était étouffante, le ciel couvert et orageux. Un lapetot à l'écoute de misaine et le second à la barre, étaient prêts, l'un à amener la voile si la brise venait à fraîchir à la tornade, l'autre à éviter les troncs d'arbre et les grands lits d'herbe éboulés de la rive, que le courant rapide entraînait. De ces radeaux quelques poules d'eau et des aigrettes s'envolaient avec des piaulements, à notre approche. La jolie petite bique donnait à son petit une tétine noirâtre, rebondissante sous la large poussée du lait. L'ombrelle en main, soulevée par la brise comme pour m'en faire une seconde voile, je me laissais aller à ce vague état de rêverie produit par les bruits du vent sur les cordages et la sensation de glissement sur l'eau. Le fleuve était jaune comme les eaux d'une mare qu'un grand troupeau de bœufs sauvages vient de traverser à la poussée des fauves.

Après avoir marché plus d'une heure vent arrière sur ce fleuve débordant dont le lit n'était plus marqué que par quelques villages situés sur une éminence et des bouquets de roniers, je gagnai la rive droite à travers deux lignes de grands arbres dont les branches rasant les eaux me témoignaient que je remontais le cours d'un marigot sorti, lui aussi, de ses rives. Alors je fis gouverner sur les hauteurs boisées naviguant tantôt par grand fond, tantôt à travers les rizières où l'embarcation ralentie s'arrêtait, le nez dans un inextricable fouillis d'herbages exhalant une forte odeur de choses macérées, parmi d'énormes poissons sans écailles qui faisaient de grands bonds sous les heurts de mon embarcation. Il fallut amener la voile et culer en arrière au moyen de la perche, avant de reprendre l'essor. Enfin, j'arrivai à l'entrée de la nuit sur un îlot vert et touffu, plein de grands acacias en fleurs où je m'arrêtai pour dormir et chasser le lendemain matin. La barque était au port, amarrée à un arbre. En un clin d'œil mes hommes me dressèrent une de ces petites huttes en usage chez les Pouls nomades, faites de quelques branches piquées dans le sol et réunies ensemble au sommet; à l'entour, sur cette ossature, on étale une belle couche d'herbe verte serrée en haut à l'aide de quelque écorce; une petite porte est ménagée près du sol. On peut ainsi se mettre à l'abri des plus fortes pluies et du soleil le plus vif. Le seul inconvénient est d'y entrer accroupi et d'y vivre assis ou couché. Une deuxième hutte fut construite pour mes cinq hommes; une autre, moins fermée, servit de cuisine.

La petite chèvre fut attachée à quelques mètres de ma demeure de chasse, à un petit arbre où elle demeura avec son vorace petit qui ne cessait de triturer les mamelles, menaçant de les stériliser pour l'heure où je voudrais boire ma tasse de lait. Biskiti, qui dans sa tendre enfance avait fréquenté chez les Pouls et qui s'y connaissait en mœurs de chèvres et de biquets, crut prudent d'attacher le petit à la jambe de devant de la mère en attendant le moment de la traite; puis, il lui rendit la liberté. C'était bien pensé.

Vers neuf heures, un gros nuage noir sillonné d'éclairs qui m'auraient permis de lire si je l'avais désiré, s'éleva de l'horizon vers le zénith où il se divisa en plusieurs bandes parallèles et moins sombres. La tornade menaçante éclata sur nous avec ses violents coups de tonnerre, ses éclairs et une trombe de vent qui faisait frissonner les pailles de ma hutte et piauler l'amarre de l'embarcation qui se balançait au clapotis des vagues courtes. Une pluie torrentielle m'obligea à rentrer les extrémités de mes jambes qui gisaient en dehors de la case, et là, je m'endormis à l'abri, sur une couche molle de feuilles vertes, pendant le déchaînement de la nature folle.

J'étais profondément endormi lorsque je fus réveillé par les bêlements de la chèvre.

— Malencontreux animal, pensai-je, en me retournant pour continuer mon somme.

Les *bê* devinrent plus précipités; ils témoignaient une grande frayeur. Mes hommes en furent aussi réveillés, mais ne s'en préoccupèrent pas davantage, car il n'entre pas dans les habitudes d'un noir de se lever, la nuit, à un appel ou à des cris de détresse si le feu ne prend pas à sa case. Ils continuèrent donc leur sommeil étendus sur la terre de leur hutte dans un grand fouillis de bras et de jambes démesurément longs; ils ronflaient même et la chèvre continuait à se lamenter.

— Qu'y a-t-il donc par là?

— C'est la chèvre qui ne veut pas laisser téter son petit, répondit Biskiti sans bouger.

Depuis la tornade, il tombait une pluie fine. Sortir par un pareil temps, était peu encourageant. Comme il m'était impossible de fermer l'œil aux cris incessants de l'animal, je me décidai à allumer un fanal que j'avais à côté de mes armes; et, la lanterne d'une main, le fusil de l'autre, je sortis pour réveiller les hommes qui se levèrent tous au cri de : debout! Biskiti prend le fanal et nous allons tous du côté de la bique qui ne cessait de hurler d'une voix plaintive à attendrir Samory lui-même. Mais, ô surprise! elle est seule, sans son petit. Cette disparition ne me disait rien qui vaille. On éclaire le sol à la ronde et à quelques pas de la mère j'aperçois un énorme boa, le cou gros et gonflé, marchant avec une grande difficulté à une vitesse d'escargot.

— Ah! criminel! ah! voleur! lui dis-je en épaulant et en le mettant en joue. Je dus attendre qu'il fût bien éclairé par la lumière du fanal; enfin, je lui envoyai à la tête encore ouverte sur le chevreau qui glissait lentement dans le cou, un coup de double zéro qui lui enleva la moitié des mandibules et le tua. Son long corps miroitant à la lumière indécise se livra à quelques dernières convulsions. Il était mort. Un lapetot s'en étant approché armé d'un grand sabre d'abattis le coupa en trois tronçons sans que j'eusse le temps de l'en empêcher pour conserver la peau. Le serpent fut alors porté sur le sol dénudé en trois morceaux que l'on ajusta mal, car Namouké, qui portait le tronçon postérieur, ne manqua pas, dans son désir de reconstituer l'animal, de le placer entre les deux autres. Cela, ajouté à l'énorme renflement du cou et à l'ablation d'une partie de la tête, le faisait moins ressembler à un boa qu'à une bête de l'Apocalypse. La chèvre, un peu rassurée par notre présence et satisfaite aussi du châtiment mérité, faisait moins de bruit. Le boa était coupé en trois, mais il n'en restait pas moins détenteur de l'objet de son horrible larcin. Le premier tronçon fut donc ouvert au coutelas avec les plus grandes précautions et bientôt le pauvre petit biquet apparut mort, la tête en avant, son petit corps déjà moulé au tube digestif du boa, les jambes repliées en arrière, les os brisés.

Ainsi périt un intéressant chevreau ; ainsi fut

tué et découpé au coutelas un superbe boa que les eaux avaient emprisonné sur un îlot et qui avait profité de l'occasion pour s'offrir un repas si substantiel qu'il se trouva, après son vol, dans l'impossibilité de regagner les hautes branches où il avait établi sa demeure d'hivernage.

— Tu auras plus de lait demain, me dit Biskiti qui était un brin philosophe à ses moments perdus.

Et je regagnai ma hutte, tout mouillé.

Le boa, fort répandu au Soudan, atteint de grandes proportions; il vit de rats, de crapauds, de couvées et des petits des gazelles : c'est un grand maraudeur. Pendant la saison sèche il se retire dans les rochers où il est la terreur des cynocéphales; il change de peau à l'entrée de l'hivernage et sème sa dépouille à travers la brousse. Durant les grandes pluies, souvent surpris par les eaux, il se retire dans les îlots où se trouve une abondante pâture d'animaux bloqués comme lui. Il nage à merveille, mais il hésite à se lancer dans l'eau et ne s'y décide que sous la menace d'un danger ou bien poussé par la faim.

Le lendemain, au réveil, j'eus un bon accès de fièvre dû à la pluie reçue sur le dos pendant l'incident du boa; et je fus obligé de passer la matinée dans ma hutte, à me soigner. Après avoir pris un gramme cinquante de quinine, j'entrai en chasse sur l'îlot dont le grand axe avait moins d'un kilomètre. A tout instant des perdrix se levaient des herbes d'alentour. Malgré mon habitude de négliger pareil gibier, j'en abattis sept afin d'assurer les vivres : on ne sait pas ce qui peut arriver.

Deux mignonnes gazelles, blotties dans une touffe, prirent leur course, à dix mètres, en poussant leur cri de *hi!* elles allaient bondissant sur les herbes, souples et gracieuses. Je tirai celle qui portait quelques taches blanches sur le ventre. Au coup de feu l'animal, en un bond affolé, se dirigea vers l'eau qui était proche et, bravement, se mit à nager avec une certaine hésitation laissant supposer une blessure assez grave; elle tentait de traverser un bras de trois cents mètres qui nous séparait d'une île nouvelle, pleine d'arbres et de broussailles; un fort courant la portait au large. Sans ordres, Biskiti, selon son habitude, ayant déposé son maigre vêtement, s'élança à la poursuite. Lorsqu'il eut atteint l'animal et qu'il se fut rendu compte que le fond manquait, il prit de la main gauche la patte de la gazelle et, à la nage toujours, la ramena à la rive, malgré ses efforts impuissants. Un lapetot l'attendait et la biche fut bientôt ficelée comme un saucisson.

Quelques chats-tigres se perdirent dans la brousse sans que j'eusse le temps de les tirer.

A l'extrémité de mon île j'aperçus ensuite, perchées sur la cime d'un grand arbre, quelques pintades. Il fallut s'en approcher en se masquant de son mieux; car ces oiseaux, peureux de leur nature, ont l'habitude de s'envoler sans laisser arriver le chasseur à bonne distance, si on ne les surprend pas au petit jour ou bien lorsque le soleil est ardent et la chaleur très vive. Quelques touffes me permirent, en me masquant, de les approcher à moins de soixante mètres. Déjà quelques petits cris et un remue-ménage sur les branches m'indiquaient que j'étais éventé et qu'elles prenaient leurs dispositions de départ. J'en abattis une perchée, et la seconde, tirée au vol, tomba démontée. Mes hommes eurent beaucoup de mal à l'avoir; elle fut trouvée se dissimulant de son mieux contre une épaisse touffe d'herbe où elle avait plongé sa tête jusqu'aux ailes, agissant un peu comme les naïves autruches qui, dans un danger pressant, fourrent leur tête dans le sable sous le fallacieux prétexte qu'elles deviennent invisibles dès qu'elles ne voient plus elles-mêmes.

L'îlot exploré, je regagnai le campement.

Au tableau : sept perdrix, deux pintades, une gazelle et un boa. La soirée n'était pas trop mal remplie et les vivres se trouvaient largement assurés. Je négligeai de tirer quantité de merles métalliques à longue queue et des aigrettes perchées sur les branches. On mangea le gibier à plume. La biche fut découpée en minces lanières et fumée, à la manière des Maures du Sahara, pour conserver de la viande.

La chevrette me fournissait maintenant du lait en abondance; elle paraissait oublier la mort tragique de son petit, semblable en cela à beaucoup de bipèdes de notre espèce.

Pendant la nuit, dévoré par les moustiques que l'odeur de la cuisine alléchait, je dus user de la moustiquaire autant que me le permettait la hauteur de ma hutte.

Le lendemain, au jour, tout étant embarqué, je repris le large en chasse autour des îles et des presqu'îles, passant dans les marigots de communication, débarquant par-ci par-là, selon le gibier qui se présentait. En longeant un petit talus boisé j'aperçus deux gueuletapées jaunâtres et tachetées de gris. Ces deux amphibies étaient étendus sur les branches, en train de faire une rude chasse aux moustiques et aux maringouins qui pullulaient. Je les tirai avec du menu plomb : une tomba morte sur le dos, le ventre blanc et les pattes au ciel; la seconde gagna vivement le marigot où elle se mit à nager en décrivant de grands cercles, toujours tournant à droite; un plomb à la tête produisait cette allure singulière que je m'amusai quelque temps à observer. Enfin, elle fut saisie et jetée dans l'embarcation, les pattes de devant liées sur le dos, mise ainsi dans l'impossibilité de marcher. Ces lézards sont très communs sur les bords de l'eau; leur dépouille est belle et leur chair blanche est digne de figurer sur une table de chasseur. Il en existe une deuxième variété qui ne diffère de la précédente que par la couleur noire de la peau.

A chaque instant s'envolaient des aigrettes blanches et grises et divers échassiers. Une demi-heure de chasse suffirait pour en faire une belle collection. Les aigrettes blanches possèdent à cette époque, appendues entre les ailes, ces belles aigrettes que la mode utilise. Les canards et les sarcelles sont fort nombreux et bien en forme dans de superbes robes d'acier damassé, mais on les tue difficilement si on ne prend le soin de tout chasseur qui se respecte de ne les tirer qu'au vol, quand les ailes ne les protègent plus. Sans cela le plomb glisse comme des perles de rosée qui d'un arbre leur tombent sur les plumes.

Quatre canards essuyèrent mes feux : deux tombèrent morts, le troisième ne put être retrouvé; enfin, le dernier s'envola, léger comme la brise.

Le martin-pêcheur royal, pas plus gros qu'une alouette, mais orné d'une chatoyante dépouille, mérite l'honneur d'un coup de fusil comme oiseau de collection ou d'ornement; il est superbe.

Les hautes herbes dont les épis dépassent le niveau de l'eau plient sous le poids de nombreux petits oiseaux qui en épluchent les fleurs ou les graines. Une variété dite *gendarme* à cause de la couleur de sa robe, qui est celle des jaunes baudriers de nos pandores, est très commune. Les gendarmes, dans un vacarme infernal, circulent à travers les nids suspendus aux branches incurvées au-dessus de l'eau. Leurs couvées reçoivent quelquefois les visites des gueuletapées et des serpents. Lorsqu'un nid est attaqué, ces courageux oiseaux foncent en piaillant sur l'agresseur sur lequel ils dardent leurs becs solides et pointus; il est rare qu'ils ne restent pas maîtres du champ de bataille. Encore un point de ressemblance avec le gendarme redresseur de torts et terrible aux voleurs.

Dans ces chasses ce n'est pas, comme on le voit, le gibier qui manque, mais il arrive souvent qu'on s'arrête faute de munitions ou bien par suite de l'encrassement des armes qui demandent un grand nettoyage ou des soins méticuleux pour n'être pas dévorées par l'oxydation, malgré le bronzage.

Je quittai la marche à l'aviron pour remettre à la voile sur la route du retour.

En passant sous un accacia je remarquai, malgré la vitesse, que deux grosses branches étaient reliées l'une à l'autre par des câbles gris. Je songeai aussitôt au boa ; et, ayant dit d'amener la voile, je fis gouverner sur l'arbre, à la surprise des lapetots. En arrivant, je vis que les câbles étaient, en effet, un couple de boas, mâle et femelle, qui se livraient au sommeil dans un enchevêtrement inextricable de leurs anneaux. Dès que je pus distinguer les deux têtes lascivement appuyées côte à côte sur le dos d'une branche, je tirai dessus en les lacérant. Aussitôt une grande détente d'anneaux s'étant produite, un boa tomba dans l'eau où il coulait si on ne l'eût saisi ; l'autre resta suspendu par la queue, pareil à un grand balancier. Au retour, je fis dépouiller le boa qu'on retourna comme un doigt de gant et la peau fraîche fut aussitôt appliquée sur une canne d'ébène où elle se desséchа. Avec le corps les lapetots se firent préparer par leurs femmes un excellent couscous au boa. Biskiti et Namouké furent invités à ces agapes.

Il est encore une autre chasse d'hivernage que je tiens à signaler aux chasseurs. Mais, ici, pas de fusil, pas de poudre, pas de sang versé, malgré de nombreuses victimes. A la portée de tous, elle ne répugne pas aux cœurs sensibles que la vue des blessures épouvante. Il s'agit de la chasse à la sarbacane, de la chasse aux colibris.

L'hivernage est la saison où les petits oiseaux revêtent leurs belles parures vertes, roses et bleues; c'est le moment des arbres en fleurs, le temps où les tamariniers et les acacias tendent à leurs longs becs délicats les mille corolles de leurs fleurs suaves et pleines d'un pollen que délayent d'immaculées gouttes de rosée. Observez alors un de ces arbres verts et touffus : les fleurs sont lutinées par ces gentils petits colibris qui, gais sous le soleil, se mirant dans leurs plumes, sans point d'appui autre que leurs ailes mignonnes, se suspendent le bec aux corolles où ils aspirent d'une langue fine et noire, dans un continuel frétillement d'ailes, les subtiles essences des fleurs. Ce sont de petits cris de joie, des envolées rapides, des plongeons d'un instant au fond des fleurs pour aller à de nouvelles ; tout ce petit monde ruisselant de couleurs grouille autour des branches, au milieu des papillons aux ailes d'or qui sont seuls à leur disputer les corolles ; tous, colibris, papillons et fleurs noyés dans la lumière d'un soleil ardent. Mais ici-bas la sécurité n'est jamais complète et les sarbacanes des collectionneurs vont bientôt porter le trouble parmi cette paix profonde.

Préparez quelques douzaines de petits cornets en papier, emportez un pliant et, la sarbacane en main, le sac aux boulettes par terre à côté, attendez, examinez, choisissez vos sujets ; car tous ne sont pas aussi beaux de plumage et de formes ; il y a les grands et les petits, les becs longs et les becs courts, les roses et les bleus, les verts et les tachetés ; que sais-je encore ? Soyez prompt. Dès que votre choix sera fait, pendant que le colibri sera suspendu à une fleur le bec dans la corolle et les ailes déployées, envoyez votre boulette qui résonne d'un bruit sec sur le flanc, et l'oiseau tombe les ailes déployées, étourdi. Prenez-le délicatement par le bec — une petite minute suffit à l'étrangler — et faites-le glisser par son propre poids dans le cornet où il coule, la tête en bas, sans qu'une plume soit froissée. Et à un autre.

Vous êtes assis à l'ombre; ne vous pressez pas; vous pourrez même lire quelques vers — si vous les aimez — entre deux colobris. Quand vos cornets seront garnis, rentrez, et, sur un sable menu et bien sec, enlevez les belles dépouilles.

Cette chasse est bien amusante et repose un peu des hippopotames, des kobas et des girafes. Pas d'émotions, c'est vrai; mais fort agréable, quand même.

Surtout ne chassez pas en octobre, à la fin de l'hivernage — il ne s'agit plus des colibris — car la grande chasse est alors fort dangereuse, non que le danger vienne d'un état d'âmes pécial aux fauves ou aux grands animaux : les fauves n'ont guère changé; ils sont même un peu plus doux qu'aux premières floraisons, qui sont la saison des amours. Le danger vient du climat, qui est plus malsain qu'en tout autre moment. C'est la saison où, les pluies ayant cessé, les eaux se retirent lentement, où les marais commencent à se dessécher sous les vents d'est, où du sol s'exhalent des miasmes terribles aux blancs. Ne chassez pas si vous voulez éviter l'accès pernicieux et la fièvre bilieuse hématurique, les deux manifestations les plus graves du paludisme. Ne chassez pas avant novembre.

FIN

TABLE DES MATIÈRES.

Pages.

Préface.. v

CHAPITRE PREMIER.
SUR LE SÉNÉGAL.

De Dakar à Saint-Louis. — Podor. — Bo. — Chasses en chaland et à la cordelle. — Les Maures et les Toucouleurs. — Bakel............................... 1

CHAPITRE II.
UNE JOURNÉE A MÉDINE.

Pétoire. — Louise. — Le marché. — Les Maures. — Le village. — Chasses au Fer-à-cheval et au Félou 12

CHAPITRE III.
CHASSE AUX ENVIRONS DE KAYES.

Le lion de Guénékotogui. — Les biches de Mouméri. — Galacita. — Le sanatorium de Ségala-Kourou. — Les kobas de Moumérou. — Hyène. — L'incendie de la montagne................................. 36

CHAPITRE IV.

CHASSES DE BAFOULABÉ.

Les affluents du Sénégal. — Le lion de Dioubéba. — Combat de Sadio avec le lion. — Les pintades. — La panthère. — Convoi de voitures. — Les Mallinkés.. 69

CHAPITRE V.

CHASSE AUX HIPPOPOTAMES.

Mœurs de l'hippopotame. — La légende. — L'hippopotame de Fangalla et la côtelette. — Billy. — Pigeons sauvages. — Couché sur une sente. — Chasse des noirs. — Chasse du gué de Toukolo. — Curée aux torches........................... 88

CHAPITRE VI.

CHASSE AUX SINGES.

Variétés de singes. — Mœurs. — En maraude. — Le factionnaire. — Le gardien de lougans. — Attaque des cynocéphales. — Chasse à la calebasse. — Le singe au rapport. — Le singe au tétanos........ 115

CHAPITRE VII.

CHASSES DANS LE FOULADOUGOU.

Le chef à l'oreille coupée. — Chassé par les éléphants. — Le Baudinko et le lion. — Les sangsues.

— Chasse à l'éléphant. — Kita. — Sanatorium. — Météorologie. — Les girafes.................... 144

CHAPITRE VIII.

CHASSES SUR LE BAOULÉ.

Tam-tam de Koundou. — Suleyman et Toumané Diakité. — Les chasseurs Bambaras du Bélédougou. — Chasse à courre. — Chasse à la girafe. — Chasse à l'éléphant. — Les chiens jaunes. — La propriété.. 173

CHAPITRE IX.

CHASSE DANS LE BIRGO ET LE BOURÉ.

Le karité. — Les villages de liberté. — Chasses au sanglier. — Un solitaire me charge. — Les abeilles et l'apiculture. — Le lion de Dioukri. — L'or du Bouré. — L'oiseau-trompette de Siguiri.......... 203

CHAPITRE X.

KANKAN.

Passage du Niger. — Kankan. — Le marché. — Les esclaves. — Les pirates de la brousse. — En expédition. — La mare aux canards. — Des buissons qui chassent. — Singulière prise d'armes. — La caravane d'esclaves............................ 220

CHAPITRE XI.

CHASSE A L'HOMME.

Samory. — La tornade. — Pintades et perdrix. — Le Sambiko. — Arbres à kola. — Bissandougou. — La panthère et le courrier. — De Bissandougou à Mananfara. — Le sofa Sory et les bandes du Kissi. — Mesures de sûreté. — Combats. — Le convoi. — Les singes noirs. — Les faméliques. — Combat d'Illaco. — Sonokoro. — Palefrenier empoisonné par le manioc. — La décollation chez les noirs. — Les noirs deviennent blancs. — Les émigrants du Kissi et la variole.................. 237

CHAPITRE XII.

COMBATS CONTRE LES HIPPOPOTAMES.

Kérouané. — La garnison assiégée. — La niche de Sanaoulé. — Sanatorium de Kérouané. — Le convoi de blessés sur le Milo, près de Babyla. — Attaque des hippopotames et combat. — Sadio, parent de l'hippopotame, est protégé. — Les hippopotames barrent encore la route près de Mananfara. — Deuxième combat. — Amady et le sofa. — Les rapides de Kénimbury........................ 277

CHAPITRE XIII.

EN DÉRIVE SUR LE NIGER.

Le cours du Niger. — Le Sahara altéré. — Batellerie. — Les saumonos. — Les chemins de l'eau. —

Échoué à l'embouchure du Tankisso. — Siguiri. — Pêche à la dynamite. — Pêche à l'arc. — La chaux de coquillages. — Passage des gués. — Bammakou. — Le sanatorium de Sognafi. — Biskiti laisse sa femme en gage. — Koulikoro. — La pêche de Dinah. — Poisson sec. — Chasse aux oies et aux canards sauvages. — Le lever des gens de Nyamina. — Arrêté par les hippopotames. — Le miracle de saint Guthberg. — Chasse aux caïmans. — Les caïmans voleurs de moutons. — Ségou. — Le Kounan et le Diougo. — Sansandig. — Les loups de Nango.. 294

CHAPITRE XIV.

CHASSES PENDANT L'HIVERNAGE.

Le renouveau. — Vigne du Soudan. — Chasses en canot. — La chèvre, son petit et le boa. — Oiseaux aquatiques. — Chasse aux colibris...... 332

TYPOGRAPHIE FIRMIN-DIDOT ET Cie. — MESNIL (EURE).

www.ingramcontent.com/pod-product-compliance
Lightning Source LLC
Chambersburg PA
CBHW070844170426
43202CB00012B/1935